はじめの一歩 法学・憲法 第2版

編著者　松原幸恵・飯島滋明・榎澤幸広

執筆者
青野　篤　飯島滋明　榎澤幸広
奥田喜道　河上暁弘　清末愛砂
藤井正希　松原幸恵　矢﨑暁子

現代人文社

第2版はじめに

本書が最初に刊行されたのは2020年ですが、その後、さまざまな法令の制定や改正、裁判がありました。優生保護法をめぐる裁判や生活保護に関する裁判では国が敗訴となる事例も少なくありません。最高裁判所は性同一性障害特例法の規定の一部を憲法違反と判示しました。2023年３月には袴田事件の再審が決まりました。コロナ感染症拡大、日本学術会議任命拒否事件、安倍晋三元総理大臣の殺害事件とそれをきっかけに明らかになった政治家と宗教団体とのつながり、安倍元総理国葬、ロシアのウクライナ侵攻、安保３文書策定とそれに基づく全国各地での軍事基地化の増強、国の代執行に代表される辺野古新基地建設をめぐる動き、能登半島地震といった自然災害など、わずかな期間に実に多くの出来事がありました。今回の改定では初版以降に生じたさまざまな事柄について法的な検討を加えました。さまざまな出来事を法の知識がない人でも分かるように執筆するという方針も今回の改定版で貫かれています。

本書は「憲法」「法学」の「初学者」への「はじめの一歩」となる教科書として刊行されています。本書が「良い教科書」となるためには、本書の執筆を担当した教師の不断の研鑽が欠かせません。ただ、教師の研鑽だけでは決して「良い教科書」にはなりません。法学・憲法の良い教科書は学生と教師のやりとりを通じて完成します。本書も学生たちと各教師のやりとりを通じて生み出された「成果」です。

本書の刊行に際しては学生たちに御礼をするのが必須だと考えています。

本書を通じて学生や市民が法学・憲法の学びを深めることを願っています。

2024年１月27日
アウシュビッツ＝ビルケナウ解放から79年目の日に

飯島滋明

第1版はじめに

日本では何歳から結婚できるか、みなさんは知っていますか？　結論を言えば、この「はじめに」を書いている2020年2月段階では、男性は18歳、女性は16歳から結婚できます。ところが2022年4月1日からは、結婚できる年齢は男女ともに18歳になります。というのも、2018年6月13日に民法が改正され、男女ともに結婚できる年齢が18歳以上とされたからです。さらに民法改正の内容を紹介すると、成人年齢は20歳から18歳に引き下げられました。その結果、2022年3月31日までは、20歳未満の男女が結婚する際には父母の同意が必要とされますが、改正民法が施行される2022年4月1日からは、18歳以上なら両当事者の意思だけで婚姻が可能になります。18歳から成人となるため、家や車の売買も単独で可能になります（ただ、飲酒や喫煙、カジノなどのギャンブルは依然として20歳以上でないと認められません）。

＊

なぜこうした民法改正がされたのでしょうか？

2007年5月、憲法改正のための国民投票法が成立しました。この「憲法改正国民投票法」では投票権年齢が18歳と定められており（3条）、民法についても法制上の措置を要請していることがきっかけとなりました。

女性が結婚できる年齢が16歳から18歳に変わったり、家や車を単独で購入できる年齢が20歳から18歳に引き下げられる。最近のこうした民法改正を見てもわかるように、「法」というものは私たちの生活に密接に関わります。そして私たちが生活を営む際には、「法を知らなかった」で済まされないことが少なからずあります。

また、成人年齢や婚姻年齢が変えられたのも、「憲法改正」の動きが大きく影響しています。いま、日本の政治の世界では「憲法改正」をめぐる動きがあります。法律の改正とは異なり、国の最高法規である「憲法」を改正するに際しては、国民投票が実施されます（憲法96条）。国民投票の際、適切な知識と政治に対する真摯な姿勢がないとどうなるか。たとえば最近では、EU 離脱をめぐる国民投票がイギリス社会に深刻な状況をもたらしています。「国民投票」の際に適切な知識と政治的態度がなければ、日本の将来は大変な状況に陥るかもしれません。憲法改正についても私たちは適切な知識を持ち、政治にむかい合う必要があります。とはいえ、「憲法」や「政治」の話は難しく、嫌になる……。

＊

こうした現状を踏まえ、私たちの生活に密接に関わる「法」や「憲法」の問題を、できるだけわかりやすく紹介することを目的に刊行したのが本書です。第1部では法の基本的なしくみ、市民生活や社会生活に関わる法の問題について、第2部では「憲法」の内容を紹介します。「法学」「憲法」の教科書では、裁判所の判決と解釈学説が紹介されることが一般的です。ただ、「事件は会議室で起こっているんじゃない」という、あるドラマでのセリフではないですが、法の問題は「裁判所のなか」だけで起こっているのではありません。私たちの日常生活のいたる所に関わっています。本書は、裁判所の判例や学説を中心に論じるのではなく、日常の生活・社会問題を法的にどう考えるかという視点を中心にして、憲法や法の内容、その問題点を紹介しています。そのため、一般の法学や憲法の本とは異なる論じ方がされている問題もあります。そして憲法や法の制定に際しては、過去にあった悲惨な事件や失敗を繰り返さないという反省に基づき、その内容が定められていることが少なくありません。「過去の失敗」を学ぶことは「将来の道しるべ」になります。法や憲法の項目の内容の執筆に際しては、限られた字数の中でも歴史的背景に触れるようにも心がけました。

＊

繰り返しになりますが、「憲法」や「法」のあり方は私たちの「生き方」や「生活」に密接に関連します。本書が「法学」「憲法」学習の「はじめの一歩」の手助けとなれば幸いです。

2020年2月15日
日本軍によるシンガポール占領から78年目の日に

飯島滋明

目次
はじめの一歩 法学・憲法〔第２版〕

第1部　はじめの一歩　法学

第1章　法とは

第2章　市民生活と法

第3章 社会問題と法

第2部　はじめの一歩　憲法

資料編

凡例

1. 判例の略記について

・最大判（決）　最高裁判所大法廷判決（決定）
・最一小判（決）　最高裁判所第一小法廷判決（決定）
・高判（決）　　高等裁判所判決（決定）
・地判（決）　　地方裁判所判決（決定）

＊「判決」は裁判所の裁判で口頭弁論（公判）が必要であり（刑事訴訟法43条1項、民事訴訟法87条1項）、理由を付さなければなりません（刑事訴訟法44条1項、民事訴訟法253条1項3号）。
一方、「決定」には口頭弁論（公判）が必要ではなく（刑事訴訟法43条2項、民事訴訟法87条1項但書）、理由を付すことも必要ではありません（刑事訴訟法44条2項、民事訴訟法119条）。

2. 法令について

原則として、制定年を（　　）内に記載。

3. 語句の略記について

・GHQ　“General Headquarters” の略
＊直訳すると「総司令部」ですが、本書では、第二次世界大戦後、日本の占領政策を実施した「連合国軍最高司令官総司令部」の意味で使用。

・自民党改憲案
2012年：自由民主党「日本国憲法改正草案」
2018年：自由民主党が提示している憲法改正に関する４項目の「条文イメージ（たたき台素案）」

4. 肩書きについて

主として、「当時の」肩書きを使用。

第1部

はじめの一歩
法学

第1章
法とは

1 法の基礎知識

1 はじめに

講義の初回に「法律について知っていることを書いて下さい」という質問をすると、「悪い人間を処罰するもの」という回答が少なからずあります。確かに、そのような側面がないわけではありません。しかしそれだけでしょうか。トラブルを未然に防ぎ皆が仲良く暮らすためにもあらかじめ守るべきことがルール化されている必要もあるでしょうし、ルールを作ったり運用していく組織の形もルールにする必要があります（3の部分）。数人の人間関係なら暗黙の了解ですむかもしれませんが、社会が複雑になればなるほど、ルールも多様かつ複雑になると考えられますので、明文化されていれば「言った言わない」になりにくくなるでしょう。

また、「悪い人間」って誰でしょうか？　殺人犯？　電車で高齢者に席を譲らない人？　政府を批判する人？　デモをする人？　国会や政府が何の制約もなくそれを自由に決めることができてしまうと、ソクラテスではないですが、理不尽なルールだけれども皆で決めたルールだからそれに従うという「悪法も法なり」が当たり前になる可能性があります（2の部分）。

よく言われるように、法律の言葉遣いは難しい言い回しもありますが、読者の皆さんの生活全般で法の話が関係しないことはありません（本書目次の各テーマを確認して下さい）。そのような意味からも法の考え方を知ることは人生の武器になると思ってもらえたらと思います。ここでは各テーマに入るために知っておいた方がよい法の基礎知識を紹介したいと思います。

2 上位のルールと下位のルールの関係（法の段階構造）

憲法98条１項は、「この憲法は、国の最高法規であつて、その条規に反する法律、命令、詔勅及び国務に関するその他の行為の全部又は一部は、その効力を有しない」と規定しています。他の法令は主語の「憲法」に反しないようにと記されているので、❶それ以外の法令が憲法とは異なるものであり、❷憲法が上位のルールであることが理解できると思います。日本国憲法の目次を確認すると、法律を作る国会（第４章）、政令を作る内閣（第５章）や条例を制定する自治体（第８章）は憲法に権限を与えられた組織と位置づけられるので、法律、命令、条例などの法令が憲法より下位のルールであることがやはりわかると思います（命令は行政が定めるルールで、政令や省令があります）。

それでは、ウクライナやガザの戦争ニュースにてよく登場する国際法はどうでしょうか？　この点、政府の考え方によると、政府が批准した国際条約は憲法と法律の間に位置づけられるので、例えば、憲法尊重擁護義務がある公務員らは、憲法だけでなく国際条約もふまえなければなりません（憲法98条２項、99条）。

以上を整理すると、ルールの上下関係（法の段階構造）は、憲法➡条約➡法律➡政令➡省令ということになります（左が上位のルールで右へ行くほど下位のルールになります）。自治体内で適用される条例は「法律の範囲内」で制定することができると憲法94条に規定されているので、その条文からは憲法➡法律➡条例という関係になると考えられます。以上のことから、憲法に反する下位規範（悪法）が存在する場合、改正か廃止するという流れになるでしょう。

3　最低限押さえておいた方がよい法令

電子政府のサイト e-Gov 法令検索内の「DB 登録法令数」は、憲法（1）、法律（2120）、政令（2297）、府省令（4179）などと記載されています（括弧内は2023年10月28日現在の数。https://elaws.e-gov.go.jp/registdb/）。さらに、1724の自治体が存在するので、そこで制定された条例、締結した国際条約も加わると、日本にはとんでもない数の法令が存在することになります。これらをすべて暗記し活用できる人は少ないでしょうから、『六法』というキーワードを自分のものにし、数多くの法令を体系づけられるようにした方が効率的と考えられます。

『六法』は、❶６つの法、❷日本の法令の中で最も重要で様々な法のベースになる法は６つあり、それ以外の法令も６つのどれかに関連付けることができる、❸日本の法令全体、❹本屋さんで売られている日本の重要な法令数十から数百をまとめた資料集を指すとされています。ここでは、❶と❷の意味を図式化してみました。

六法（❶）	概要	関連する法令の例（❷）
憲法	この国の最高法規で人権や統治機構について示すルール	男女共同参画社会基本法、公職選挙法
民法	財産や家族関係を示すルール	戸籍法、不動産登記法、借地借家法
刑法	犯罪や刑罰について示すルール	軽犯罪法、ストーカー規制法、覚せい剤取締法
商法	商取引関係のルール	商業登記法、金融商品取引法、国際海上物品運送法
民事訴訟法	民事事件の訴訟手続に関するルール	民事調停法、民事執行法、破産法
刑事訴訟法	刑事事件の訴訟手続に関するルール	裁判員法、犯罪被害者保護法、少年法

4 法の分類

近年ネットの一部では市民が市民を裁く「私刑」的な発言が見受けられます（①②⑤）。また、安倍首相が憲法９条の自衛隊明記条文追加案を出した時、「今までと変わらない」と発言しましたが、「前法と後法の関係」からその発言はどうなのかと指摘が数多く出ました（④）。これらの事例は、法を扱う場合に押さえておくべき基礎知識『法の分類』を知らなければ真っ当な議論すらできません（というかできていない現状が多い）。以下、いくつかの分類を紹介することにします。

① **「公法と私法」**：国や自治体と国民との関係を定めたルールが公法（例えば、憲法や刑法）、市民同士の関係を定めたルールが私法（例えば、民法や商法）。

② **「強行法と任意法」**：法律に定められたことに従わなければならないルールが強行法（公法がこの傾向が強い）、お互いの合意があれば法律規定と異なっていても前者を大事にするのが任意法（私法がこの傾向が強い）。

③ **「一般法と特別法」**：ある分野に一般的に適用されるルールが一般法であるのに

対し、ある分野の内の特定な部分に適用されるルールが特別法。同一事項に関しては、特別法が一般法に優先して適用されます。例えば、民法と借地借家法、刑法と軽犯罪法。

④ **「前法と後法」**：同じ事柄に関して、先に作られた法が前法で、その後新しく作られた法が後法になります。両者との間で矛盾が生じた場合、後法を優先するのが原則。

⑤ **「実体法と手続法」**：法律関係の内容を定めるルールが実体法で、その内容をどのような手続で進めるのか定めるルールが手続法。例えば、刑法と刑事訴訟法、民法と民事訴訟法。

⑥ **「国内法と国際法」**：国内で効力をもつルールが国内法、国家間の関係を主に規律するルールが国際法（条約や国際慣習法）。

5 最後に〜より深く知りたい人のために〜

法令はその制定意図や大事にする原理原則が前文や総則で示されていることが多いので、自分が読みたい規定だけしか見ないと読み方を誤ることもあります（この点、条文の１項も重要なことが多い）。この点も含め、法令を調べるにあたり、スマホから利用できるものを紹介します。法律条文を確認できる e-Gov 以外に、①国会会議録システム〈https://kokkai.ndl.go.jp/#/〉、② CiNii〈https://cir.nii.ac.jp/〉（法律論文を調べたい場合）、③弁護士ドットコム〈https://www.bengo4.com/〉（弁護士による実務の話を知りたい場合）などがあります。また、本稿では扱えなかった法律の基礎知識（例えば、条項号や附則）については、参議院法制局 HP 内の「法律の [窓]」記事に詳しいので確認してみてください（https://houseikyoku.sangiin.go.jp/column/index.htm#5）。

読んでほしい本など

・いしかわまりこ＝吉田利宏『法令読解心得帖』（日本評論社、2009年）
・榎澤幸広＝小川由美子編『Q からはじめる法学入門』（みらい、2017年）
・吉田利宏『元法制局キャリアが教える法律を読む技術・学ぶ技術〔改訂第４版〕』（ダイヤモンド社、2022年）

（榎澤幸広）

第1章
法とは

2 裁判の基礎知識（刑事裁判と民事裁判）

1 刑事裁判と民事裁判の役割

たとえばみなさんが100万円盗まれたとします。100万円を盗んだ人が分かれば、一般的には刑事などの警察官がその人を逮捕し、逮捕した**被疑者**や事件を検察（検察官）に送致（**検察官送致**、略して**「送検」**）します。検察は**釈放**か**起訴**（刑事裁判にかけること）かを決めます。起訴された場合、裁判所は**被告人**（起訴された被疑者は被告人と呼ばれます）に判決を下します。このように犯罪を犯したかどうかを裁く裁判は**「刑事裁判」**と言われます。

みなさんは「刑事裁判」で「紛争解決」と思われるかもしれません。ただ、このままでは、盗まれた100万円は戻らない可能性があります。そして**「法治国家」**（憲法32条）である日本では、実力行使で100万円を取り返す「自力救済」は認められません。あくまで「法」に基づき紛争を解決することが求められます。そこでみなさんは100万円の返還、あるいは損害の賠償を求め、100万円を盗んだ人に裁判を起こすことになります。私人間の紛争を法で解決する裁判が**「民事裁判」**となります。

2 刑事裁判の基本原則

刑事訴訟では「適正手続主義」も基本原則ですが、これは第2部第15章で紹介しています。ここでは「弾劾主義」と「当事者主義」を紹介します。

(1)弾劾主義

裁判所が犯罪を犯した疑いのある人を取調べて事実を解明するという、二面的な訴訟手続は**「糾問主義」**と呼ばれます。一方、検察官等の訴追官が裁判所で犯罪事

刑事裁判のながれ

捜査の端緒（事件発生、被害者の告訴など） ⇒ 捜査 ※司法警察職員は速やかに事件を検察官に送致（検察官送致〔送検〕） ⇒ 起訴

冒頭手続
・人定質問
・起訴状朗読
・黙秘権等告知
・罪状認否

⇒ 証拠調手続 ⇒ 弁論手続
・検察官による論告求刑
・弁護人による弁論
・被告人の最終陳述

判決 ⇒ 控訴 ⇒ 上告 ⇒ 再審

※テレビや新聞などでは刑事裁判で訴えられた人が「被告」とされていますが、正確な法律用語としては、民事裁判で訴えられた人は「被告」、刑事裁判で訴えられた人は「被告人」です。

実を主張・立証し、それに対して被告人が反論・防御し、両者の主張を裁判所が判断するという三面的な訴訟手続が**「弾劾主義」**と言われます。歴史的には糾問主義から弾劾主義への移行が多くの国で見られます。人権尊重の観点からすれば、被疑者・被告人を捜査・刑事裁判の客体として扱う糾問主義ではなく、主体とする弾劾主義が適切とされます。「公平な裁判」という視点からも、日本国憲法などでも弾劾主義が採用されています。

⑵ 当事者主義

裁判所が主導権と責任をもって事実を解明しようとする裁判の進め方が**「職権主義」**、検察官などの訴追者と被告人に主張・立証させ、裁判所は原則として訴訟の進行を両当事者に委ねる刑事裁判のあり方が**「当事者主義」**と呼ばれます。日本では当事者主義が採用されています。

民事裁判のながれ

訴えの提起 ⇒ 訴状の送達 ⇒ 第1回口頭弁論期日 ⇒ 争点 ⇒ 集中証拠調べ ⇒ 最終口頭弁論期日

・訴状陳述・答弁書陳述
・準備書面陳述（原告・被告双方）
・証拠の整理手続
・最終準備書面陳述
・弁論終結決定

判決 ⇒ 控訴 ⇒ 上告 ⇒ 再審

3 民事裁判の基本原則

(1)処分権主義

裁判所に審判を求めるかどうか、どのような事項について審判を求めるか、審判を求めた事柄をどのように終わらせるかを当事者の意思に委ねるという考え方です。さらに紹介すると、①紛争解決のために訴訟を利用するかどうかの判断は当事者に委ねられます。当事者が訴えてもいないのに裁判所が職権で訴訟を開始できません。②裁判所は、当事者が申し立てていない事柄に判決を下すことなどはできません。原告が300万円の賠償を求めているのに裁判所が500万円の賠償を命じることはできません。③手続をどう終わらせるか、たとえば訴えの取下げ、訴訟上の和解、判決にするかの判断も当事者に委ねられます。

(2)弁論主義

判決の基礎となる事実および証拠の収集を当事者に委ねるという考え方です。弁論主義には①当事者が主張しない事実を判決の基礎にはできないという「主張責任」（弁論主義の第1テーゼ）、②裁判所は、当事者間に争いのない事実について証拠調べを行うことなく判決の基礎としなければならないという「自白の拘束力」（弁論主義の第2テーゼ）、③当事者間に争いのある事実について証拠調べを行う際、当事者が申し出ていない証拠を裁判所が職権で取り上げてはならないという「職権証拠調べの禁止」（弁論主義の第3テーゼ）という3つの内容が含まれます。

4　刑事裁判と民事裁判の違い

刑事裁判と民事裁判にはさまざまな違いがあります。

まず民事裁判では、被告が「100万円借りた」と自白すれば、実際には借りていないと裁判所が判断していたとしても、裁判所はその自白を認めなければなりません（前記の弁論主義の第2テーゼ）。

一方、刑事裁判では、被告人が「100万円盗んだ」と自白しても、その自白だけでは有罪にすることはできません（憲法38条3項）。さらに自白に疑いがある場合、裁判官や裁判員は「無罪推定の原則」（憲法31条）から、無罪判決を下すことになります。

また、民事裁判の場合、原告が300万円の賠償を求めているのに裁判所が500万円の賠償を命じることはできません（前記「⑴処分権主義」②）。

一方、刑事裁判の場合、裁判所は検察官による「求刑」以上の判決を下すことがあります。たとえば1歳の三女を虐待で殺害したとされた事件で、検察は両親に懲役10年を求刑しました。しかし2012年3月24日、大阪地方裁判所は両親に懲役15年の判決を下しています。

2023年12月、釧路地方裁判所は、犯行は計画的で残忍、自首後も取調べに嘘をつくなどの事情を考慮して、殺人などの罪に問われた男性に対して検察官の求刑を1年上回る、懲役21年の判決を言い渡しました。

（飯島滋明）

第2章 市民生活と法

1 ネットの功罪

1 情報化社会とネット

情報化社会と呼ばれるようになって久しく、今や多くの人にとってインターネット（以下「ネット」）は欠かせないものとなっています。さらに、スマホの普及に伴い、X（旧ツイッター）、フェイスブック、LINE、YouTube、インスタグラムなどのSNS（Social Networking Service）も、その手軽さから多種多様な展開を見せています。確かに、ネットがさまざまな恩恵をもたらしたことは事実で、便利な世の中になりました。しかし、他方で、その「お手軽さ」が引き起こす弊害も指摘されています。あって当たり前の存在となったネットを私たちは上手く使いこなせているのでしょうか。そこで、ネットの功罪について考えてみたいと思います。

2 ネットの特徴

表現の自由の保障（→本書2部10章）の観点から、「思想や意見の交換が自由に行われる市場」の存在は、情報の自由な流れをもたらす意味で貴重です。かつて国家権力によってそうした流れが閉ざされていた時代もありましたが、ネットの普及がそれに一定程度風穴をあけました。

そうしたネットの世界の特徴として、以下の点があげられます。①リアル世界の地位や立場と関わりなく、フラット（対等）な人間関係が構築できるので、意見が出しやすいこと、②地理的な制約がないため、実際には会うことの難しい、世界のさまざまな人と交流できること、③多様な人々との交流を通じて、狭い社会の常識と異なるグローバルスタンダードに気づけること、④リアル世界でのコミュニティ内で上手く生きられなくても、新たなコミュニティに行き場を見いだせること、などです。

以上の特徴は、基本的には利点でしょう。ただ、その利点が実際に上手く活かされているかは気になります。①について見ると、対等な関係でさまざまな意見を言い合えるのはよいことですが、的確な表現による情報発信力がなければ、不用意な発言があらぬ誤解や反感を招きかねず、それが感情的な意見対立を引き起こす可能性もあります。そして、相手を「敵」認定するようになってしまうと、もはや建設的な意見交換ができなくなり、社会の分断につながってしまいます。

②については、言語的ハンデもあって、実際には同一言語の、考え方の似通った者同士が寄り合うことが多いのではないでしょうか。そうなると、①の弊害がさらに起きやすくなります（この点は③も同様です）。

④については、確かに利点も大きいのですが、ネット空間に安住の地を見出すことが、リアル世界での問題解決に結びつく保証はありません。

要するに、ネット空間の利点を活かすには、それなりのリテラシーが必要だということです。自分にとって都合のよい「事実」（真実ではない）だけをつまみ食いしている（**ポスト真実**）ようでは弊害の方が大きくなってしまうのではないでしょうか。

3　ネットにおける「匿名性」

(1) 匿名性？

ネット空間は匿名の世界（だからどんなことをいってもバレない）と思われがちですが、匿名性が完璧に保たれているわけではありません。それなりの費用と労力をかければ、発信者を特定することは不可能ではなく、刑事事件に関わる問題をネット上で起こすと、犯罪として警察が捜査に乗り出すこともあるのです。たとえば、爆破予告の書込みなどは、威力業務妨害罪（刑法234条）や脅迫罪（刑法222条）に該当する可能性があり、実際逮捕例もあります（2018年、「ラブライブ！」イベントへの書込み等で高校生逮捕）。なお、威力業務妨害罪は、さまざまなケースに適用される犯罪で、いわゆる**バイトテロ**も適用対象となります。

また、元交際相手のプライベートな性的写真や動画をSNSなどに流出させる、**リベンジポルノ**についても、「私事性的画像記録の提供等による被害の防止に関する法律」（リベンジポルノ法、2014年）違反に問われ、さらに脅迫罪や名誉毀損罪（刑法230条）が併科される場合もあります。

近年、自殺者まで出たこともあってとくに問題視されているのが、誹謗中傷の書き込みです。該当する可能性の高い犯罪として、名誉毀損罪、侮辱罪（刑法231条）、脅迫罪、信用毀損罪・偽計業務妨害罪（刑法233条）等があげられますが、中でも侮辱罪は、この問題を重くみたことから2022年に厳罰化されています。

それでは、刑事事件にならなければ問題ないのでしょうか。いいえ、民事事件でも被害者がその気になれば、相手を特定し、損害賠償請求をすることもあります。そこまでの費用と労力をかけるわけですから、金額的には相当な額を請求される可能性が高いです。

(2)「匿名性」の功罪

以上のように、匿名性は完全ではありませんが、情報発信者すべてが特定化されるというわけでもないので、ネットはそれなりの「匿名性」を有しているといえそうです。そうした性格が情報発信をしやすくすることは間違いないのですが、それが吉とも凶ともなりえます。つぎにあげる事柄はメリットでしょうか。それともデメリットでしょうか。具体例をもとに考えてみてください（①世論形成を活性化する。②お悩み相談がしやすい。③発信段階で他者によるチェックがかからない）。

上記の例はさておき、情報発信が容易になることから生ずる問題点として、個人情報の流出があげられます。個人情報の流出自体は、ネットだけの問題ではありませんが、ネットを介した情報流出は、拡散して流通の連鎖を招き、被害は一層深刻なものとなりますので、何らかの対策が求められます。「特定電気通信役務提供者の損害賠償責任の制限及び発信者情報の開示に関する法律」（プロバイダー責任制限法、2001年）は、ネットにおける情報流通で権利侵害が発生したとき、媒介者（プロバイダー）にすべての責任を負わせるのではなく、一定程度制限する一方で、被害者に発信者情報の開示請求権を認めています（被害者救済の観点から、2022年の法改正で、この手続の簡素化と開示請求範囲の拡大がなされました）。

4 サイバー犯罪

サイバー犯罪は、ネットを通じて行われる犯罪ですが、この特性としては、①被害が広範化し、かつ回復が難しいこと、②手軽にネットを使う人にとって、犯罪へのハードルが低いことがあげられます。

サイバー犯罪には、①不正アクセス行為、②コンピュータ・電磁的記録対象犯罪（電磁的記録に関する罪、コンピュータ・システムの破壊などのサイバーテロ）、③ネットワーク利用犯罪があります。サイバー犯罪というと、②の印象が強いかもしれませんが、実際の発生件数でいうと、③が一番多いのです。③には、名誉毀損、脅迫・恐喝・詐欺、ストーカー行為、わいせつ物頒布、児童売買春などがあります。これらの犯罪自体はネットを介さなくても行える犯罪ですが、たとえば、ワンクリック詐欺やフィッシング詐欺など、ネットを活用することで、被害がさらに拡大・深刻化する点で難しい問題を引き起こします。

また、サイバー犯罪には、越境性があるので、国境を越えた取組みが必要となりますが、とりうる対応としては、①組織的対応、②立法的対応の2種類があります。①に関する日本国内での対応としては、警察の体制強化、産業界等との連携（2001年から総合セキュリティ対策会議が開催）、広報啓発活動などの未然防止に向けた取組みがあります。世界においては、国際間協力（捜査協力・技術協力）を強化することがあげられます。②に関する日本国内の動向としては、不正アクセス行為の禁止等に関する法律（1999年、2012年改正）、特定電子メールの送信の適正化等に関する法律（2002年、2005年、2008年改正）、インターネット異性紹介事業を利用して児童を誘引する行為の規制等に関する法律（出会い系サイト規制法、2003年、2008年改正）を制定し、明治以来の刑法を情報処理の高度化に対処するため一部改正（2011年の168条の2・168条の3「不正指令電磁的記録に関する罪」の新設など）し、古物営業法の改正（2002年）、特定商取引に関する法律の改正（2002年・2016年）を行っています。世界的には、**サイバー犯罪条約**（2001年欧州評議会で採択）を日本は2004年に国会で批准承認、2012年に発効しました。同条約については、プライバシー権や通信の秘密など人権保障との整合性の問題が指摘されています。

読んでほしい本など

・松井茂記＝鈴木秀美＝山口いつ子編『インターネット法』（有斐閣、2015年）

（松原幸恵）

第2章
市民生活と法

2 ブラックバイト

1 労働に関する法

私たちの生活に最も身近な法の一つが、**労働法**です。生活に必要なお金を稼ぐ手段として、労働は大切な権利です。

日本国憲法も27条1項で「すべて国民は、勤労の権利を有し、義務を負ふ。」と定めています。といっても、働きさえすればよいというものではなく、自由を奪われ、不衛生で危険な業務を低賃金で休みなく続けさせられては、人間としての尊厳や生命（憲法13条）が奪われてしまいます。そこで日本国憲法27条2項は「賃金、就業時間、休息その他の勤労条件に関する基準は、法律でこれを定める。」としたうえで、労働基準法（1947年）や労働安全衛生法（1972年）や最低賃金法（1959年）等の法律によって、人間らしく働けるための最低限の基準を定めています。こうした労働に関する各種の法律をまとめて「労働法」と呼びます。中でも最も重要な**労働基準法**は、「労働条件は、労働者が人たるに値する生活を営むための必要を充たすべきものでなければならない。」（1条1項）、暴行や脅迫を用いて人を働かせてはならない（5条）、「遅刻1回罰金1,000円」のように労働者の支払う損害賠償額を予定してはならない（16条）、賃金は通貨で直接本人に全額支払わなければならない（24条1項）などの規定がおかれています。

日本国憲法ができる以前の日本では、労働者を監禁したり、退職したら違約金を支払うという約定によって労働者が辞めるのを阻止したり、働いた本人ではなくブローカーに賃金を渡して中間搾取したりといった事態が普通に横行していました。そうした悪習を繰り返さないために、憲法及び労働基準法をはじめとした労働法によって、労働者が人間らしく働けるような条件が厳しく定められているのです。

2 ブラックバイトとは

ところが、近年、**「ブラック企業」**という言葉が生まれていることに象徴されるとおり、労働基準法等の法律を守らずに労働者を違法な労働条件で働かせている企業の実態が明らかになってきました。さらに、学生アルバイト特有の社会問題として**「ブラックバイト」**の問題が浮かび上がっています。

「ブラックバイト」は、名付け親である中京大学の大内裕和教授によれば「学生であることを尊重しないアルバイトのこと。フリーターの増加や非正規雇用労働の基幹化が進むなかで登場した。低賃金であるにもかかわらず、正規雇用労働者並みの義務やノルマを課されたり、学生生活に支障をきたすほどの重労働を強いられたりすることが多い」と定義されます。

たとえば、居酒屋チェーン店のアルバイトで、17時の開店に向けて15時から仕込み作業を始め、閉店後の翌日午前3時まで休憩なしで働かされる、という人はいませんか。労働基準法では特別の手続をとらないかぎり一日8時間しか働かせてはいけないことになっています（32条2項）し、労働時間が8時間を超える場合には1時間以上の休憩を与えなければなりません（34条1項）から、これは違法な長時間労働です。

また、コンビニ等で、クリスマスケーキ等の季節商品の販売ノルマを課され、未達の場合には「自爆営業」として給料天引で買い取らされている人はいませんか。給料を全額支払わないで天引きしたり、「現物支給」として商品を渡したりするのは、労働基準法24条1項（全額払い、通貨払いの原則）に違反し、差し引かれた分の賃金を請求できます。

ほかにも、業務上のミスに対する罰金制度があるとか、退職を申し出たのに人手がないと言って辞めさせない、試験期間中なのにシフトを勝手に入れるなど、学生が労働法を知らないことにつけこんで、学生アルバイトに無理な働き方を押しつけている例がしばしば存在します。

3　ブラックバイトの背景

高校生や大学生が在学中にアルバイトに従事することは、近年始まったことではなく、何十年も前から行われてきました。どうして、近年になってこれほど酷い働かされ方が行われるようになったのでしょうか。その背景には、酷い扱いをされても学生がアルバイトを辞められなくなった、という日本の社会状況の変化があります。

日本の教育費、とりわけ高等教育費は著しく高騰しています。1975年には年額3万6,000円だった国立大学授業料は、1990年頃に平均月額給与額と逆転しました。2009年度文部科学白書によれば、2006年以降は年額53万5,800円（私立大学では平均85万1,621円）となっており、消費者物価指数の上がり方とはかけ離れた値上がりをしています。

しかも、日本は国際的にも高等教育費の私費負担の割合が大きく、世帯の年収が学生の生活を支えています。にもかかわらず、派遣や有期雇用といった非正規労働の割合が増え、親の収入が不安定になっていること、年金保険料や介護保険料、健康保険料や消費税が値上がりして支出が増えていることから、家族の生活費に加えた高額の教育費は、家計の支出割合においても大きな負担となっています。

また、安定的な職業に就くのが難しいという立場は学生も同様です。2018年度文部科学省学校基本調査によれば、2019年3月に大学を卒業した者57万2,639人のうち、非正規労働者として就職した者は1万5,897人（2.8%）、一時的な仕事についた者は8,165人（1.4%）、進学も就職もしていない者は3万8,232人（6.7%）であり、6万人以上、実に10人に1人以上の新卒者が、安定的な職業に就けずにいる状況にあります。「売り手市場」といわれるここ数年ですらこの状況であり、2013年度の同じ調査では、卒業後に安定的な雇用に就いていない大卒者は18.6%、およそ5人に1人という割合でした。

他方で、厚生労働省の発表した2018年賃金基本統計調査（初任給）の概況によれば、大学卒・男女合計の初任給平均は20万6,700円です。この金額は、所得税や社会保険料が控除される前の金額ですから、いわゆる「手取り」額はもっと低額です。

そして、就職しようがしまいが、卒業後は、家賃や水光熱費、食費といった生活費に加えて、毎月、奨学金の返済をしていかなければなりません。独立行政法人日本学生支援機構によれば、2016年3月に貸与が終了した奨学生（大学生）の平均貸与総額は343万円（有利子の場合）です。新卒の時点で300万円以上の借金を抱えているという事態が、現在では珍しくもない状況となっています。

このような社会状況を背景として、現在の学生は、学業を修める身分でありながら、一家の働き手の一人として在学中の学費や生活費を賄うため、あるいは卒業後から返済の始まる奨学金の返済原資を貯めるために、アルバイトを「せざるを得ない」立場に置かれています。この社会状況が近年の特徴であり、「酷い労働条件ならバイトを辞めればいい」というわけにいかず、「ブラックバイト」が蔓延する温床となっています。

4　ブラックバイトをなくすために

ブラックバイトは、学生であることを尊重しないアルバイトであり、長時間労働や過酷なノルマのために、学生が学生生活に注力できない点で問題があります。学生時代は、**教育を受ける権利**（日本国憲法26条）や**学問の自由**（同23条）の一環として講義を聴いたり、図書館で自習したり、あるいは地元以外のさまざまな地域から集まった友人や教員とサークルやゼミを通して交流したり意見をぶつけあったりする中で、価値観を磨き、個人として成長することのできる時間であり、違法な労働によってその時間を奪われていいはずがありません。個人レベルでは、できるかぎり労働法に関する知識を得て、弁護士など専門家に相談したり、**労働組合**に入って使用者と交渉したりすることで、自分の権利を守っていきましょう。ブラックバイトの蔓延する社会自体を是正して、労働環境をよくしていくためにどうすればいいか、という点は、学生に限らずすべての労働者にとっての課題といえます。

読んでほしい本など

・大内裕和＝今野晴貴『ブラックバイト――体育会系経済が日本を滅ぼす〔増補版〕』（堀之内出版、2017年）

・道幸哲也＝淺野高宏＝NPO法人職場の権利教育ネットワーク編著『学生のためのワークルール入門 アルバイト・インターンシップ・就活でトラブルにならないために』（旬報社、2018年）

・石田眞＝浅倉むつ子＝上西充子『大学生のためのアルバイト・就活トラブルQ&A』（旬報社、2017年）

（矢崎暁子）

第2章
市民生活と法

3 公共性の欠如

1 公共性のあることがらの法的意味・市民的倫理

最近日本でもいろいろなところで、ストリートピアノが増えてきました。ピアノという楽器をきっかけにして、その地域の住民であるかどうかを問わず、だれでも参加でき、みんなが楽しむことができるところになっていると言えます。狭い意味での公共財には該当しませんが、プロの演奏家が演奏し音楽ホールにチケット代を払ってきた聴衆に演奏を披露する閉じた関係ではなく、より開かれたパブリックな関係がそこにはできていて、ゆたかな市民社会の一面であるように考えられます。しかし、普及の一方で、長時間独占して大音量で弾くといった、ストリートピアノの公共性を理解しない人が一定数いて、せっかく設置されていたピアノが撤去されることも多くなってきているといったことも（NHK ニュース2023年4月28日「ストリートピアノ 半年で撤去 マナー違反相次ぎ 兵庫 加古川」）報道されるようになってきています。ストリートピアノが存続するためには、公共性のあることがらを住民、市民のみなが理解、大切にする必要があるのです。

日本社会にはそうした公共性のあることがらを大切にし、ささえる市民的倫理があるかというと、十分に広く市民の中で定着しているとは言いがたい状況があります。それが、身近なところでは、視覚障害者誘導用シート（点字ブロック）上にものを置いたりする、駅のエレベーターで車椅子や乳母車の人が待っているのに元気な人が譲らない、障害者用の駐車スペースにとくに事情があるわけでもない人が車を駐めるといったことにつながっています。もう少し大きな問題でいえば、本来公共性が高く、現状を保守し、継続的に整備する必要がある地域や建物などが、実質的に私企業の利益のために再開発され、その地域や建物がもっている文化や歴史もろとも破壊されていることにもつながっています。行政などの公権力や権威と公共性との混同や、国の過剰な介入を防ぐためにも、公共性が大切なのです。

2　公共性のあることがらに関わる法・倫理

たとえば点字ブロックは、2006年6月に制定された高齢者、障害者等の移動等の円滑化の促進に関する法律（バリアフリー新法）を直接の根拠としています。この法律は高齢者、身体障害者等が円滑に利用できる特定建築物の建築の促進に関する法律（ハートビル法）と高齢者、身体障害者等の公共交通機関を利用した移動の円滑化の促進に関する法律（交通バリアフリー法）が統合されてできた法律です。法律の制定施行後に、点字ブロックや障害者対応のエレベーターなどの設置が進み、それ自体は画期的なことだったのですが、既存施設の改修・設備新設は努力義務に留まっているものが多いこともあり、実効性があまりないように受けとってしまう人がかなりいるためなのか、法律の趣旨を理解しない一部の人たちの行動が目立っています。

また、公園などに商業施設が目立ってきたり、極端な場合には私企業に独占的に利用させるようなことが増えてきたことには、都市計画関連の法令など様々な法律が関係していますが、なかでも民間資金等の活用による公共施設等の整備等の促進に関する法律（PFI法）が重要な役割を果たしています。PFI法は官民連携の促進をめざした法律で、うまく機能すれば行政と私企業である事業者がそれぞれの持ち味を活かして、相乗効果をもって公的利益に資することになりますが、現状では単に公共性のあるものごとを私企業に独占的に使わせる問題のある民営化のような事例、公共性を剥奪する事例が目立っています。

3　公共性のあることがらに関わる法的問題・倫理的課題とそれらへの対応

法律の趣旨は、その法律によって実現しようとする政策の内容を実現することです。法律はそうした政策の実現のために、さまざまな制度や仕組みを用意していますが、その多くは行政や事業者が誠実に任務や責任を果たすことに加えて、法律に示された理念を理解し自分のものとした市民の自律的、自治的な行動、行動変容が必要になります。倫理というとなにか考えのことだけなのかと思われがちなのですが、公共性に関する法との関係での倫理は心持ちというよりは行動そのものなのです。難しいことですが、市民一人ひとりが公共性に関する倫理を実際の行動に移し、市民的公共性の実現に不断の努力をすることが求められています。　**（奥田喜道）**

第2章
市民生活と法

4 交通（移動）

1 移動するということの法的意味

人間は生活のさまざまな場面で移動します。そのため、憲法上は22条1項で2番目に例示された移転の自由として移動の自由が明示的に保障されています。その移動の自由は、実際に適切な運賃、時間、利用可能性をそなえた交通手段にアクセスできる権利としては、交通権としてとらえることができます。その交通権の保障を、国・政府が社会政策の一環として責任をもって実現していくことが憲法上も求められているということでもあります。さらに、人間らしい生き方、人格にとっても重要なものであるということでもあります。そのことは移動の自由が外形的には自身の身柄を制約されないという**人身の自由**としての側面をもっていることとも関係しています。

さらに、人の移動とあわせて物の移動（輸送・運送）も一面では人の移動を物の輸送に替えているとみることもできますし、基本的には憲法21条の**表現の自由**で保障されている郵便や通信などのコミュニケーションも人の移動を情報の移動・交換で替えていると見ることもできます。移動の自由は、たんに自由に行きたいところに行こうと思えば行けるということを意味しているだけではなく、**経済的自由**の側面（→本書2部11章）、生存権・教育を受ける権利（→本書2部12章・13章）・勤労権を実現する**社会権**の側面、**人格権**の側面、**人身の自由**の側面、表現の自由の側面をもった多面的な自由なのです。

2 交通・移動に関わる法

日常的な移動は家の前の道路から始まりますので、交通・移動に関わる法律はまず道路に関わる法律になります。徒歩で駅まで歩く、自家用車で会社まで行く場合、道路法（1952年）、道路交通法（1960年）が関係しています。家から歩ける範囲ではない場合、行き先に駐車場がない場合、自動車の運転免許証を持っていない場合は、バスやタクシーや路面電車、LRT を使うことになります。この場合は、道路運送法（1951年）、軌道法（1921年）が関係します。さらにある程度距離がある場合は、大都市部であれば、鉄道を利用することになり、鉄道事業法（1986年）や軌道法がかかわってきます。そして、遠距離の出張や旅行などでは、新幹線などの鉄道に加えて、飛行機に乗ったり、旅客船に乗ったりしますので、航空法（1952年）や海上運送法（1949年）が関わっています。また、地域公共交通の活性化及び再生に関する法律（2007年）、交通政策基本法（2013年）などが制定されていますが、これは都市再生特別措置法（2002年）などとともに社会政策の一環として国民、住民に交通へのアクセスを確保しようとするものです。

3　交通・移動に関わる法的問題とそれへの対応

公共交通がつぎつぎと撤退する状況に現代の日本社会はありますが、他方で高齢化や貧困化から公共交通の重要性は逆に高まってきています。また、環境保護や気候変動対策との関係でも鉄道貨物輸送の維持とモーダルシフトがすすめられています。自動運転やドローンの利活用の問題もあります。交通政策基本法に掲げられた基本政策に加えて、権利としてであれ、社会政策としてであれ、交通権をより実効的なものとすべきという観点から、たとえば**旅客鉄道株式会社及び日本貨物鉄道株式会社に関する法律**（1986年）を改正して、旅客貨物ともに廃線などを回避し、鉄道路線を維持して地域の足が奪われないようにすることも求められています。また、道路についても、2024年1月1日の能登半島地震で明らかになったように、災害時でも基幹的道路を維持することが求められています。

読んでほしい本など

・名和田是彦＝内海麻利ほか『都市自治体における市民参加と合意形成――道路交通・まちづくり・コミュニティー』（公益財団法人日本都市センター、2017年）

（奥田喜道）

第2章
市民生活と法

5 インフォームド・コンセント

1 「自己決定権」(憲法13条)とインフォームド・コンセント

個人が一定の私的事項について、公権力に干渉されずに自分で決定する権利は**「自己決定権」**（憲法13条）と言われます。この自己決定権を前提とすると、医療の場面では治療方法を決定する権利は患者にあります。ただ、多くの患者は医療に関する知識をほとんど持っていません。患者の自己決定権を保障するためには、医療に関する知識を持つ医師などが患者に病名や治療方法などを説明し、患者の同意を得て治療を行うことが必要となります。正しい説明を受け、理解した上での自主的な選択・同意・拒否を患者に認めることが**「インフォームド・コンセント」**といわれます。患者の自己決定権を保障するために「インフォームド・コンセント」は医師の法的義務とされており、「医師、歯科医師、薬剤師、看護師その他の医療の担い手は、医療を提供するに当たり、適切な説明を行い、医療を受ける者の理解を得るよう努めなければならない」（医療法1条の4第2項）と定められています。実際の裁判でも、患者に対する医師の説明責任は法的に大いに重視されています。

2 インフォームド・コンセントの内容

(1) 判例でのインフォームド・コンセントの内容

説明内容に関して、最高裁判所は「疾患と診断（病名と病状）、実施予定の手術の内容、手術に付随する危険性、他に選択可能な治療方法があれば、その内容と利害損得、予後などについて説明すべき義務がある」（最三小判2001年11月27日）と判示しています。

「手術に付随する危険性」に関しては、手術による死亡率が10%ということを説明しなかったり（東京高判2001年7月18日）、担当医師による非出血性大型 AVM（脳動脈奇形）手術の成果が良くないこと（3件のうち2件死亡、1件は機能障害を残した）を説明しなかったこと（東京高判1999年5月31日）は医師の説明義務違反とされています。

(2) 緊急性の低い治療行為について

治療行為が必要性や緊急性に乏しい時には、患者の自己決定権はより具体的かつ十分に保障されなければならず、医師の説明義務はより高くなります。「陥没乳頭手術事件」（福岡地判1993年10月7日）や「美容整形アカンベ事件」（大阪地判1973年4月18日）などの裁判では、「美容整形手術」自体が緊急性を要する手術でないので、通常の手術以上に医師は患者に十分な説明をすべきと裁判所は判示してきました。

(3) インフォームド・コンセント違反に対する法的責任

「患者の承諾」がない「専断的治療行為」を行ったり、医師等が患者に医療行為などについて十分な説明をしないで患者の同意を得て治療を行ったり、医師が患者に虚偽の説明をした上で治療方針に同意させて治療を行えば、医師は患者への説明責任を果たしていないとされ、民法上は債務不履行（民法415条）か不法行為（民法709条）に基づく損害賠償責任を問われる可能性があります。刑法上も「正当な行為」（刑法35条）と見做されずに傷害罪（刑法204条）、患者が死亡すれば傷害致死罪（刑法205条）に問われる可能性があります。

(4) 専断的治療行為

医師が治療を行うに際して患者の承諾を得ないで行った治療行為を**「専断的治療行為」**といいます。この専断的治療行為が刑事裁判で問題となったことは日本ではありませんが、民事裁判で問題となったいくつかの事例を紹介します。

左右両方の乳房切断手術を受けた女優が、同意をしたのは右側だけであり、左側の手術には同意していないとして損害賠償を求めた**「乳房切断事件」**（東京地判1971年5月19日）では、東京地方裁判所は、左側の乳房の切断には患者の同意を得た証拠がないとして、医師や病院に損害賠償（150万円）を命じました。

つぎに**「エホバの証人輸血拒否事件」**を紹介します。

本件原告は、30年間にわたる「エホバの証人」の信者でした。原告は入院した病院に対して、輸血を拒否すると医者に告げていました。しかし、肝臓の手術の際に患者に輸血がなされました。患者はそのことで精神的損害を被ったとして、医師の勤務する病院を設置している国と、手術を行った医師に対して損害賠償を求めて提訴しました。

地方裁判所、高等裁判所では、輸血をしないという契約は**「公序良俗」**（民法90条）に違反し、契約は無効とされました。しかし最高裁は、「患者が、輸血を受ける事は自己の宗教上の信念に反するとして、輸血を拒否するとの明確な意思を有しているときに、このような意思決定をする権利は人格権の一内容として尊重されねばならない」としました。その上で、「医師らは、手術の際に輸血以外には救命方法がない事態が生ずる可能性を否定しがたい場合には、患者に対して、輸血するとの方針を採っている事を説明して、医師らの下で本件手術を受けるか否かを患者自身の意思決定に委ねるべきであった」のに、医師がそのことを伝えなかったため、「患者が輸血を伴う手術を受けるか否かについて意思決定をする権利を奪った」として、医師や病院に対して損害賠償を命じました（最三小判2000年2月29日）。

(5) 代諾の是非

原則として、医師は治療行為等について患者に説明して同意を得なければなりません。**「舌癌手術事件」**（秋田地裁大曲支部判1973年3月27日）では、患者は舌癌であり切除手術が必要であると判断した医師が、患者には癌の告知をせずに、悪性の腫瘍のために舌の手術が必要と真実を隠して告げたところ、患者は舌を切り取ることを拒否しました。医師は妻と娘には癌であることを告知し、摘出の承諾を得ました。しかし本人には潰瘍の部分を薬で焼き取るだけだと説明して手術を行い、結果として舌3分の1を切除しました。そこで、患者本人が医師に損害賠償を求めました。秋田地方裁判所は、患者の家族の承諾では足りず、また、手術は緊急を要するものではなかったとして、医師に対して不法行為に基づく損害賠償を命じました。

また、患者の夫には手術の承諾は得たが、患者本人には説明せずに子宮の摘出をした**「子宮摘出事件」**（東京地判2001年3月21日）で東京地方裁判所は、「いったん閉腹して患者の回復を待ったとしても、直ちに患者の生命に影響するような状況になく、帝王切開に引き続いて本件手術を行わなければならないほどの緊急性はなかった」として、慰謝料500万円を命じました。

3　インフォームド・コンセントの例外

以上のように、裁判所もインフォームド・コンセントを極めて重視しています。しかし、あらゆる場合に患者の同意が必要なわけではありません。患者が交通事故等で意識不明となったが緊急に治療を行う必要がある場合には、「管理者は、本人の身体、名誉又は財産に対する急迫の危害を免れさせるために事務管理をしたときは、悪意又は重大な過失があるのでなければ、これによって生じた損害を賠償する責任を負わない」という**「緊急事務管理」**（民法698条）により正当化されます。

さらに、病気の告知（たとえば末期癌の告知）が「死の宣告」となり悪影響が予想される場合も、患者の自己決定権を尊重して、医師は患者に病名・治療方針を正確に伝えるべきかが問題となります。

最高裁判所は「患者への精神的打撃と治療への悪影響を考えて、癌の疑いを告げず、重度の胆石症と説明して入院させようとしたのはやむを得ない措置」（最三小判1995年4月25日）とのように、**「告知消極論」**に立っています。

一方、今後の治療方針について、患者が自らの意思（例えば、単なる延命医療を望まない）を表明して医療関係者に伝えられること、患者が最も必要と判断すること（例えば、自分の残された仕事をしたり、家族への遺言等を残したり、趣味や旅行を行う）に残された時間を使えるようにすること、告知しないために生じる財産処分等の法的なトラブルを未然に避けることができる等の理由から、原則として患者に対して告知すべきという**「告知積極論」**も唱えられています。

（飯島滋明）

第2章
市民生活と法

6 臓器移植法

1 「臓器移植法」の成立まで

1819年にフランス人ラエネックが聴診器を発明するまでは、「早すぎる埋葬」が問題となるといったように、何が「死」かは必ずしも明確ではありませんでした。しかし聴診器の発明以降、人の死は心臓停止・呼吸停止・瞳孔散大の三徴候が確認されたとき**（三徴候説）**とされました。

一方、現在の医療技術の発達により人工呼吸器が開発され、脳の機能は失われても心臓が動いている状態、いわゆる**「脳死」**状態が存在するようになりました。脳死段階では心臓は動いていますが回復することはなく、近いうちに確実に心臓も止まり、死に至るとされています（もっとも、この点については後述します）。脳死を死と見做して臓器を摘出し、臓器を必要とする患者に提供できないかということから、脳死の議論は活発となりました。臓器移植を成功させるには新鮮な臓器が必要となります。とくに心臓と肝臓の移植は心臓が停止したあとでは成功しないと言われています。また、たとえばフィリピンの受刑者が日本人に16万円で臓器を提供していたなどの事例が明らかになり、国際社会の批判を浴びました。そこで日本でも死の概念を変更して脳死を人の死と認め、臓器移植を認めるべきとの議論がされてきました。その結果、1997年に**臓器移植法**が成立、施行され、1999年2月に臓器移植法施行後、はじめての脳死臓器移植が実施されました。

ところが1997年の臓器移植法は要件が厳しく、臓器移植を推進する側からは「臓器移植禁止法」と批判されました。実際、1997年10月の施行後から2009年7月までも臓器移植は81例に留まりました。

そして臓器移植を望む患者は海外に行き、移植手術を受けてきました。ところが2009年5月に開催される世界保健機構（WHO）の総会では、海外移植に厳しい対応がとられる可能性がありました。こうした事情を受け、2009年7月に臓器移植法が改正されました（2010年7月から施行）。

2023年10月28日、臓器移植法に基づく脳死臓器提供が1000件になったと発表されました。

2 「脳死」とは

あらゆる内臓の動きや感覚器官の動きを管理し、人間の基本的な生命維持作用を担っているとされる部分が「脳幹」といわれます。この脳幹の機能が失われた状態を「脳死」とする立場が**「脳幹死説」**といわれ、イギリスなどで採用されています。

一方、脳幹を含めて脳全体の機能が失われた状態を脳死とする立場が**「全脳死説」**といわれ、アメリカや日本の立場です。なお、脳幹の機能が失われれば自発呼吸も不可能になりますが、この点で「植物状態」とは区別されます。**「植物状態」**(Vegetative State)とは、大脳の機能は失われていますが脳幹の機能は失われてはおらず、自発呼吸が可能な状態にあります。

3 「臓器移植」をめぐる日本の動向

臓器移植に関しても、日本は先進国では数段遅れているといわれていました。その一因は**「和田心臓移植」**にあります。

1968年8月8日、札幌医科大学の和田寿郎教授により世界で30番目の心臓移植が行われました。当初はマスコミなどでも絶賛されました。しかし86日後に**レシピエント(臓器受容者)**が亡くなると、マスコミの評価は一変しました。この心臓移植では、溺死して**ドナー(臓器提供者)**とされた大学生が本当に脳死状態にあったのか、臓器提供者に対する救命治療がきちんと行われたのか、レシピエントとなった少年に心臓移植は本当に必要だったのか、などの疑問が出されました。1972年8月14日、結局は不起訴処分となったものの、世間の疑惑を解くことはできませんでした。「和田心臓移植」後、「脳死」判定による「臓器移植」には「ダーク」な印象が残り、それが後々まで尾を引きました。

4　臓器移植法概要

1997年に制定・施行された臓器移植法では本人が書面で意思を表示し、家族なども拒否しない限りで「脳死」を死と認め、臓器の摘出を行うことができました。また、**「臓器の移植に関する法律の運用に関する指針（ガイドライン）」**では、臓器提供ができるのは「知的障害者等を除く15歳以上の者」とされていました。

一方、2009年・臓器移植法では、本人が明文で拒否していない場合には脳死が「死」とされ、家族の同意だけで臓器を提供できます。また、15歳以上という要件はなくなり、何歳でも臓器の提供が可能になります。さらに親族に優先的に臓器を提供するとの意思表示を行うこともできます。

5　臓器移植法の問題点

以上のように、改正された臓器移植法は要件が緩和され、臓器移植が容易になりました。しかし臓器移植法に反対の立場からは、以下のような反対論・疑問が出されています。

(1)脳死の判定基準が「基準」となるか？

脳の機能については現代医学でも未解明の部分がたくさんあり、世界に20種類以上脳死判定基準があるなど、脳死という病態も解明されていません。日本の脳死基準である**「竹内基準」**でも、測れない脳や神経の機能は多いと言われます。たとえば「瞳孔固定」を含む竹内基準を満たしても、脳死判定後に瞳孔径が変化した例、脳血流が存在した例などが紹介され、竹内基準が脳死の判定基準となるのかが問題とされています。まして子どもの場合には大人以上に脳の機能が明らかになっておらず、「脳死」と判定された子どもがのちに回復した事例もあります。

(2)「脳死」は人の「死」？

従来、脳死状態になれば、心臓は数日間で確実に止まるといわれてきました。しかし、アラン・シューモン（カリフォルニア大学ロサンゼルス校小児神経学教授）は、脳死患者のうち175人の心臓は1週間以上動いており、そのうち80人は2週間、44人が4週間、20人が2カ月、7人が6カ月、4人が1年以上の間心臓が動いており、最長の場合には14.5年という研究報告を1998年に出しました。

実際にも、脳死患者の心臓は動いており、触ると暖かく、汗や涙を流し、体を動かすこと（たとえば**「ラザロ徴候」**）があります。臓器摘出のために脳死患者にメスを入れると脈拍と血圧が急上昇し、動きはじめることがあります。そうであれば患者が強い痛みを感じた可能性があります。「脳死」と判定されたのに出産した女性もいます。

臓器移植法施行後第１号の事例では、腹部切開で患者の血圧が急上昇し、それを安定させるために麻酔が使われました。1984年に行われた、日本初の脳死患者からの摘出の際も、角膜を摘出された女性の目の周辺は出血をきたし、パンダのような青あざができています。つまり女性患者は内出血していたことになります。

(3) 脳死とされる患者の治療が疎かにされないか

先に和田心臓移植の状況も紹介しましたが、たとえば臓器移植法施行後最初の臓器移植が行われた事例や、第３例目の事例でも、「患者の治療」ではなく、「臓器移植」に重点が置かれたとの疑問が出されました。「脳死」を「死」と認め、「臓器移植」を認めることで、本来救うべき患者の治療が疎かにならないのでしょうか？

(4)「自己決定権」(憲法13条) で正当化されるか

臓器を提供する意思表示を本人がしていないのに、脳死を「死」と扱い、家族（遺族）の同意だけで臓器提供を認める「臓器移植法」は**「自己決定権」**（憲法13条）で正当化できるのでしょうか？

「自殺の権利」は「自己決定権」でも認められないのと同様、「脳死」を「死」と認めることは「自己決定権」でも正当化できないという反対論もあります。

みなさんはどう考えますか？

読んでほしい本など

・共同通信社社会部移植取材班編著『凍れる心臓』（共同通信社、1998年）
・小松美彦『脳死・臓器移植の本当の話』（PHP 新書、2004年）

（飯島滋明）

第2章
市民生活と法

7 知る権利とプライバシー権

1 知る権利と情報公開

知る権利は、表現の自由（→本書2部10章）の一画を構成する重要な権利です。表現の自由は、発信者に特化した権利のように思われるかもしれませんが、これは民主主義社会に不可欠な「情報をコミュニケート（やりとり）する自由」ですので、情報の送り手と受け手双方の存在を前提として成立するものです。また、知る権利は、対公権力を想定しており、ご近所の家の中や、私人である芸能人の生活を暴き立てる権利ではありませんので、ご注意ください。

そうした誤解を解くためにも、まずは、この権利概念の内容について国際法と憲法の両側面から見てみましょう。

まず、国際法上の権利としての知る権利は、市民的及び政治的権利に関する国際規約（国際人権B規約または自由権規約、1966年採択）19条2項（すべての者は、表現の自由についての権利を有する。この権利には、口頭、手書き若しくは印刷、芸術の形態又は自ら選択する他の方法により、国境とのかかわりなく、あらゆる種類の情報及び考えを求め、受け及び伝える自由を含む）に規定されています（傍点は筆者）。ここで、表現の自由の中に、情報を求め、受けとる自由が含まれることが明記されている点に注目してください。

一方、日本国憲法において、知る権利はそうとわかる形で明記はされていませんが、表現の自由の趣旨から当然導き出される権利と考えられています。判例上も、博多駅テレビフィルム提出命令事件（最大決1969年11月26日）で、最高裁は「報道機関の報道は、民主主義社会において、国民が国政に関与するにつき、重要な判断の資料を提供し、国民の『知る権利』に奉仕するものである」としています。

憲法上の知る権利には2つの側面があります。①自由権的側面、②請求権的側面です。

①自由権は別名「国家からの自由」といわれるもので、ここでは、表現の受け手

側の「知る自由」が国家権力の介入を受けない（国家権力に邪魔されない）という意味になります。②の請求権は、国家権力への働きかけを意味しますので、情報へのアクセス権や情報開示請求権を具体化した**情報公開制度**の根拠となります。

日本において、国レベルで情報公開制度が始動したのは、行政機関の保有する情報の公開に関する法律（**情報公開法**、1999年制定・2001年施行）によってです。一部の自治体ではこれに先行するかたちで（1980年代から）、情報公開（公文書公開）条例を制定するところもありましたが、全国的にはまだまだでした。現在は同法25条により、全国の自治体に拡大しています。

2　情報公開制度の概要

情報公開制度を活用する立場の市民の側から見てみると、この制度はどのような目的で活用されるのでしょうか。私の指導学生にもこの制度を活用した学生が何人かいますが、その場合は卒論等の調査研究のためとか、知的関心の充足といった目的になります。それ以外の目的としては、私たちの納めた税金が適正に活用されているのかとか、身の回りの生活環境がどうなっているのかなど、行政活動の理解や監視のために活用されていることがあります。とくに後者の目的で、報道機関が活用して私たちに問題提起をすることが多く、その意味でもこの制度は、民主主義社会にとって非常に重要なものといえます。

情報公開法では、政府の説明責任が規定され（1条、但し「知る権利」の文言はなし）、「原則」開示（5条）となっているのですが、合わせて不開示情報の範囲（5条）も列挙されており、その中に個人情報も含まれています。個人情報は**プライバシー権**の問題に関わるので、そうなると、知る権利とプライバシー権は相反する関係にあるように思えてきます。本当にそうなのでしょうか。

3　プライバシー権と個人情報保護制度

ここでプライバシー権について簡単に確認しておきましょう（→本書2部6章）。プライバシー権が主張されるようになったのは、19世紀末のアメリカで、この時は、マス・メディアの干渉を排除するという意味で「一人にしておいてもらう権利」と理解されていました。これを**「古典的プライバシー権」**と言います。

その後、高度情報化が進行する1960年代から**「自己情報コントロール（管理）権」**（現代的プライバシー権）という考え方が登場します。つまり、自分の情報は、公権力に好き勝手されるものではなく、自分で管理する権利があるのだという考え方で、これは対公権力を想定しています。京都府学連事件（最大判1969年12月24日）、前科照会事件（最三小判1981年4月14日）、早大名簿提供事件（最二小判2003年9月12日）などは、こちらの考え方に関連する裁判事例です。

そして、**個人情報保護制度**も、自己情報コントロール権の考え方に基づいています（1980年のOECD 8原則「プライバシー保護と個人データの国際流通についてのガイドラインに関するOECD理事会勧告」付属文書「国内適用における基本原則」参照）。したがって、個人情報保護制度には、自身の情報について本人が開示請求する権利が付随することになります。

また、2018年に発効したEUの一般データ保護規則（GDPR）では、個人（データ主体）の権利保障が具体化されています（「忘れられる権利」もその一つ）。

21世紀に入って始まった日本の個人情報保護制度は、当初、民間事業者については「個人情報の保護に関する法律」（2003年制定・施行〔全面施行は2005年〕）、国の行政機関については「行政機関の保有する個人情報の保護に関する法律」（2003年制定・2005年施行）、独立行政法人等については「独立行政法人等の保有する個人情報の保護に関する法律」（2003年制定・2005年施行）、地方公共団体については各条例で、というように別々の法令から成っており、本人の開示請求手続についても個別に規定されました。2021年の法改正でそれらの法令は「個人情報の保護に関する法律」に統合され、ルールの全国共通化が図られました。それに先立つ2020年改正では、本人の権利が強化された面もある一方で、データ利活用のための規制緩和がさらに進められています。コロナ禍を契機としてデジタル化への機運が高まっていますが、それに伴う官民データ連携拡大への動きをどう評価すればよいでしょうか。マイナンバーカードは、当初任意だったのが、健康保険証の廃止（2024年秋の予定）決定でにわかに強制的側面を帯びてきました。ポイント付与のお得感もあって、交付率は2023年12月末時点で7割を超えていますが、他方、誤登録の頻発による不安感などから返納運動も起きています。そうした状況も合わせて考えると、楽観視ばかりもしていられないのではないでしょうか。

4 情報公開と個人情報保護

情報公開制度にも個人情報保護制度にも情報開示請求のシステムが存在することになると、**2**で見たような両者の対立関係に疑問が生じてきます。違いがあるとすれば、前者の開示請求が誰でも可能（情報公開法3条）であるのに対し、後者については、基本的には本人（例外的に、未成年者や成年被後見人〔→本書１部２章14〕には法定代理人が可能）という点です。

知る権利とプライバシー権の関係を見てみると、後者が古典的プライバシー権の考え方に立つ場合には、両者は対抗関係にありますが、自己情報コントロール権の考え方に立てば、対抗関係には必ずしもならないということです。

情報公開法が制定されて以来、「原則」開示しなければならない行政側にあまり積極性は見られません（たとえば、イラクや南スーダンでの自衛隊「日報」隠ぺい問題など)。数字の上では、それなりの開示率になっているのですが、部分開示（いわゆる「海苔弁」もそう）を含めた数字なので、過大評価はできません。プライバシー権を楯に、情報隠しが行われるようなら、本末転倒です。

2013年、特定秘密の保護に関する法律（**特定秘密保護法**）が制定されたことにより、「知る権利」の後退が危惧されています（たとえば、自衛隊による米軍等防護について、2018年は16件と前年の2件から急増し、2022年には31件〔そのうち豪軍4件〕となっていますが、時期・場所等の具体的な活動内容は未公表です)。2009年の公文書等の管理に関する法律（**公文書管理法**）制定以後も、公文書のずさんな管理が続く実態（→本書2部16章）と合わせて、国民からの監視の眼をどう厳しくしていくかが大きな課題となっています。

読んでほしい本など

・榎澤幸広＝清末愛砂編集代表『公文書は誰のものか？――公文書管理について考えるための入門書』（現代人文社、2019年）

・田島泰彦『表現の自由とメディアの現在史――統制される言論とジャーナリズムから遠ざかるメディア』（日本評論社、2019年）

（松原幸恵）

第2章
市民生活と法

8 20歳未満の者の飲酒・喫煙禁止法

1 お酒やタバコは20歳から

「お酒やタバコは20歳になってから」。このフレーズを目にしない日はありませんし、このフレーズを知らない人はおそらくいないと思います。しかし、未成年の芸能人が飲酒し芸能活動自粛になったという話、未成年の大学生や高校生（2022年3月31日以前）が飲み会の様子をSNSにアップし学校から処分をうけた話、成人の芸能人が一緒にいた未成年の飲酒を止めなかったことがスクープされた話、高校職員が生徒と飲酒後、彼らが同乗する車を運転し事故を起こした話などがありました。更に、2017年12月、近畿大学のテニスサークルの飲み会で繰り返し一気飲みさせられた大学２年生が翌日死亡し、大阪府警が2019年５月、学生含む12人を保護責任者遺棄致死容疑で地検に書類送検した事例も発生しました。理由は、２年生が未成年かもしれないと思った彼らが自分らの処分や先輩の就職活動への影響を恐れ通報しなかったためです（2019年11月２日付毎日新聞）。このような学生の死亡事故は過去にも何度も発生し、アルハラと共に話題になってきました。

この章では20歳未満の者の飲酒・喫煙を禁止する法律について考えていきたいと思います（2022年３月末までは未成年者飲酒・喫煙禁止法）。

2 未成年者飲酒・喫煙禁止法の概要

先のフレーズや事例は、「二十歳未満ノ者ノ飲酒ノ禁止ニ関スル法律」（1900〔明治33〕年）と「二十歳未満ノ者ノ喫煙ノ禁止ニ関スル法律」（1922〔大正11〕年）という法律が関係します。たとえば、飲酒法1条1項は「二十歳未満ノ者ハ酒類ヲ飲用スルコトヲ得ス」。

それでは、この2つの法律を見てみましょう。どちらも内容はかなり類似していて、年齢制限（飲酒法1条1項、喫煙法1条）、未成年者の飲酒を知った親権者や親権者に代わる監督者の制止義務や罰則（飲酒法1条2項・3条2項、喫煙法3条）、販売者による未成年者への販売禁止や罰則（飲酒法1条3項・3条1項、喫煙法5条）、販売者の年齢確認などの措置（飲酒法1条4項、喫煙法4条）、飲酒・喫煙のための酒類や煙草などの没収・廃棄処分（飲酒法2条、喫煙法2条）、営業者などの所属する法人に対する罰則（飲酒法4条、喫煙法6条）が規定されています。

これらの法律を見てよくビックリされるのは、未成年者や20歳未満の者の処罰規定はなく、逆に親やコンビニ店員が処罰される場合が示されていることだと思います。以下の条文（飲酒法3条）を確認してみましょう。

1項　第一条第三項ノ規定ニ違反シタル者ハ五十万円以下ノ罰金ニ処ス

2項　第一条第二項ノ規定ニ違反シタル者ハ科料ニ処ス

1項の下線部（筆者による）「第一条第三項ノ規定ニ違反シタル者」はコンビニなどで酒を販売したり、居酒屋などで酒を提供する営業者、2項の下線部「第一条第二項ノ規定ニ違反シタル者」は親や監督代行者を指しているのです。

3　過去現在の改正ポイント

これらの法律は何度か改正されていますが、主なターニングポイントが3点ありました（ここでは飲酒法を中心に紹介）。

まず1点目。2000年12月には3条1項の罰則が“科料（千円以上1万円未満の罰金〔刑法17条〕）”から“50万円以下の罰金”になりました。また、酒税法も改正され、「酒類販売業者が、未成年者飲酒禁止法違反により罰金の刑に処せられた場合には、酒類販売業免許の取消要件に該当する」こととなりました（警視庁・厚生労働省・国税庁「未成年者飲酒禁止法の改正について」〔2001年12月〕）。

2点目。翌2001年12月には、「営業者ニシテ其ノ業態上酒類ヲ販売又ハ供与スル者ハ満二十年ニ至ラザル者ノ飲酒ノ防止ニ資スル為年齢ノ確認其ノ他ノ必要ナル措置ヲ講ズルモノトス」という条文が付け加えられています（例えば、コンビニでの指差し確認）。改正理由はまず、2000年改正にも関わらず、「依然として、未成年者に対して酒類を販売している実態がなくならない状況」にありました。さらに、「販売する現場では、年齢確認等の措置を行う法律上の根拠がないために、これらの措置を円滑に実施できない状況」にあったこともあげることができます（前掲「未成年者飲酒禁止法の改正について」)。この点に関して、人口減少社会である日本にて、近年無人コンビニなどが話題になっていますが、対面販売が原則のため、その対応に苦慮している点についても検討する必要があります。

3点目。「飲酒法」は「二十歳未満ノ者ノ飲酒ノ禁止ニ関スル法律」、「喫煙法」は「二十歳未満ノ者ノ喫煙ノ禁止ニ関スル法律」と名称が変わり（2018年6月20日に公布)、2022年4月1日から施行されることになりました。これは民法の成年年齢が20歳から18歳に引き下げられたことにあわせたものですが、年齢規定を設ける法律を民法の基準に合わせるべきか否か議論になりました。競馬の馬券購入やカジノ立入禁止などは20歳未満の者を継続し、20歳未満のパスポートの有効期限は、5年だったものが18歳からの取得においては10年となりました。この点、飲酒法と喫煙法に関しては、親などの制止義務規定は“未成年者”、販売者の年齢確認や販売などは“20歳未満の者”となっているので、もしかすると施行後混乱を生じている可能性もあるかもしれません。

4 この法律が適用された事例

これらの法律を根拠として、親、学校の先生、コンビニや居酒屋の店員などが書類送検されている例が結構あるのです。たとえば、2014年4月16日には、飲酒法や喫煙法違反の疑いで神奈川県警が10～70代の33人の販売者や保護者を書類送検するという事例が記事になりました（東京新聞朝刊川崎版2014年4月18日)。この記事から推測できる点はバイト店員などの10代（しかも大学生の場合もあります）が含まれているかもしれないことです。また、店員が販売してしまった理由の中には客とのトラブル回避や売り上げ貢献などが多いのですが、「これくらいはよいと思った」とか「売らないと万引きされると思った」なんて例もあります（中日新聞朝刊東三河版2012年4月17日)。さらに、四日市南署が高校教諭を親元から離れた合宿中の生徒らの監督代行者に該当すると判断し書類送検した例もありました（中日新聞朝刊二社2008年2月23日)。これらの記事の年月は現在から見ると古いと思われるかもしれませんが、解説しやすい記事内容だったため使用しました。この点に関し、現在も類似の事例が生じていることも頭に入れておくべきでしょう。

5　制限年齢・20歳に科学的根拠はあるか

飲酒法の年齢制限の根拠を尋ねた中日新聞の取材に対し、厚生労働省がん対策・健康増進課は「飲酒年齢は国によって19歳や21歳などばらつきがある。20歳という年齢に科学的根拠があるわけではないが、心身への影響から区切りとなっている」とコメントしています（中日新聞2013年6月7日）。実際、18回の審議未了と否決を経て制定された飲酒法でも年齢制限に関して議論は百出し、最終的に20歳におちつきました（元森絵里子「フィクションとしての『未成年』」明治学院大学社会学・福祉社会学研究138号〔2012年〕）。

この法律の存在意義は、お酒の知識や経験に乏しく、心身ともにまだできあがっていない「未成年者を飲酒の害悪から守ること」にあるでしょう。しかし、2つの法律による一律の年齢制限は個人の飲酒や喫煙する自由を制限するものとも考えられるかもしれません。近年、飲酒に関しては、アルコール耐性を判断できるアルコールパッチも販売されています。これを使用し個別に判断する方法もあるかもしれません。みなさんはどう思いますか？

読んでほしい本など

- 榎澤幸広＝小川由美子編『Q からはじめる法学入門』（みらい、2017年）
- 東大大村ゼミ（大村敦志監）『ロースクール生と学ぶ 法ってどんなもの？』（岩波書店、2009年）
- 「STOP!20歳未満飲酒」ビール酒造組合のホームページ〈https://www.stop-underagedrinking.com/〉
- 「未成年者喫煙防止活動」JT のホームページ〈https://www.jti.co.jp/tobacco/responsibilities/guidelines/responsibility/activity/index.html〉

（榎澤幸広）

第2章
市民生活と法

9 恋愛・結婚

1 うまくいく恋愛と失敗する恋愛〜デートDV問題

(1)恋愛のはじまり

生きていると多くの人々は、誰かに特別な思いを抱くこともあるでしょう。恋愛感情が成就し恋人関係に発展することは、小説やドラマだけでなく現実の生活でもよくあることです。恋人関係になったとき、最初は互いに気持ちが大きく盛り上がるため、寝不足になるほど恋人とたくさんの時間を過ごそうとすることもあります。

(2)関係をこわす支配関係

一定の盛り上がりの期間が過ぎると、多くの人々は学業や仕事の通常のペースに徐々に戻らざるを得なくなっていきます。そこからが重要です。互いに相手のペースを尊重しながら安定した関係を保つことができれば、学業や仕事と恋愛を無理なく両立させることができるでしょう。恋人同士といってもやっていることも、関心も、時間の取り方も異なる別々の個人である以上、もめごとはつきものです。メッセージを送ったのに既読にならない、返事をくれないなどと不満や不安を覚え、それがケンカの原因になり、恋人関係がおわってしまうこともあるでしょう。人によっては相手を無意識のうちに束縛したり、または支配的にふるまったりする場合があります。そうなると要注意です。

盛り上がっているときは、相手の束縛が自分に対する強い愛情の証拠だと勘違いし、相手の要求に無理をしてでも応じようとするかもしれません。しかし、そういう状態が続くと、一方が常に相手のいうことを聞かざるを得ないような、**支配と被支配の関係**が固定化されていきます。こういう関係にあるカップルの間では、相手が自分の思い通りにふるまわなかったときに、身体を痛めつけたり、言葉で相手を威嚇して従わせようとしたり、不機嫌になって相手を無視したりするようなことがしばしば起きます。これを**「デート DV」**といいます。

自分の意に反することには、率直に「ノー」といえる関係、そして相手が拒否したときにはそれをきちんと受け入れることができる関係が良好な恋人関係です。そうでなければ、ストレスや苦しみで疲弊し、長続きしません。

2 結婚と法

(1) いろんな家族のかたち

恋人関係が続くと、一緒に暮らしたい、子どももほしいなどと考えるようになる人も多いでしょう。どういう関係で生活をともにするかは、個々のカップルの考え方によります。法制度の不備により望む関係を築くことができないカップルもいます。その形態はさまざまであり、①結婚の意思はないが、同居したいカップル、②婚姻届を出して法的に夫婦になりたいカップル（法的な結婚のことを「婚姻」という）、③法的に結婚するとどちらかの氏を変えることになるから、届出をせずに事実婚（当事者は結婚している意識がある）を選ぶカップル、④結婚は当事者間の私的なことであり、公的に認めてもらう必要はないという考えから事実婚を選ぶカップル、⑤同性婚の制度が整っていないため、結婚の意思がありながらもそうできずに一緒に暮らすカップルなどが存在します。

カップルが子どもをほしいか否かも当事者の考え方次第ですが、親などの親族に妊娠出産を一方的に期待され、それを重圧に感じる女性もいます。自然妊娠が困難な場合、生殖補助医療（人工授精や体外受精など）を通して子どもを授かる方法や養子縁組をする方法もあります。ただし、日本では生殖補助医療の規制に関する法制度が整っていないという大きな問題があります。

(2) 民法上の婚姻の成立要件

家族について規律する主な法律は、民法第４編（親族）と第５編（相続）です。ここでは婚姻について説明します。婚姻には当事者の意思が求められます。その点は、憲法24条1項に「婚姻は、両性の合意のみに基いて成立し」と規定されていることからも明らかです。現行民法は日本国憲法の制定にともない抜本的に改正されたものですが、旧法の下では婚姻に戸主の同意が必要とされていました（30歳未満の男子と25歳未満の女子の婚姻に対しては父母の同意も必要）。したがって、当事者の意思のみに基づく**自由な婚姻**を保障するために、憲法24条1項に「両性の合意のみ」という文言が入ったのです。なお、こうした背景に鑑みると、同性婚の否定のためにこの文言が導入されたわけではないことがわかります（→本書1部2章11）。

婚姻の成立のためには、市町村長（本籍地または所在地）に届出がなされなければなりません（民法739条1項）。具体的には、婚姻の意思を持つ両当事者および2人以上の成年の証人が署名した書面、またはこれらの者による口頭でなされます（民法739条2項）。届出は、民法731条、732条、および734条から736条に規定されている婚姻障害などがないことが認められた後に受理されます（民法740条）。受理により婚姻が成立します。

婚姻障害とは、①男女一律18歳以上とする法定婚姻適齢未満の婚姻（民法731条）、②重婚（民法732条）、③近親婚（直系血族、3親等内の傍系血族、直系姻族、養親子関係の間の婚姻、民法734条から736条）を指します。

なお、2022年3月31日まで、法定婚姻適齢は男性18歳以上、女性16歳以上、成年年齢も20歳とされていました。また、未成年者の婚姻には父母の同意（いずれか一方の同意も可）が必要でした。しかし、2018年6月になされた民法改正の施行日（2022年4月1日）以降は、女性の法定婚姻適齢の引き上げと成年年齢の18歳への引き下げがなされたことから、未成年者の婚姻に対する父母の同意条件も削除されました。また、2022年12月の民法改正により、女性だけに課されていた100日の再婚禁止期間も廃止されました（施行日は2024年4月1日）。

(3) 夫婦間の義務

婚姻を届け出ると、何かがおわったかのごとく、「晴れて結婚できたね」と喜ぶカップルがいます。しかし、結婚生活はそこからがはじまりなのです。法的に夫婦になると、同居や協力および扶助の義務が生じます（民法752条）。同居（単身赴任や病気などの特別な事情を除く）とは、単に同じ家にいることを意味するわけではありません。同じ家にいても、共同生活を営むために協力しなければ同居とはいえないからです。子どもができれば、成年（18歳）に達するまで父母の双方が基本的に共同で親権を行使することになります（民法818条1項および3項）。扶助の義務とは、配偶者と子どもが経済的に自分と同じレベルの生活を送ることができるようにする義務（生活保持義務）を意味します。自分の生活さえよければいいということにはなりません

その他、不貞行為が裁判離婚上の事由とされていること（民法770条1号）および重婚の禁止規定（民法732条、刑法184条）があることから、夫婦には婚姻外の性的関係を持たない義務（貞操義務）も課せられていると解されます。

3　ジェンダー視点から見る婚姻法の課題

大日本帝国時代に比べると、現行の婚姻制度ははるかに平等になりました（→本書2部14章）。上述のように、法定婚姻適齢の男女差も是正され、女性だけの再婚禁止期間なども削除されました。

それでも民法には、婚姻に関して性差別的な規定が残っています。「夫又は妻の氏を称する」（民法750条）と規定することで、夫婦の一方に**氏の変更**を強いている点です。女性の改姓率が95%を超えることから、女性への**間接差別**（見た目は中立に見えるが、実質的には特定の人々が不利になる取扱い）といえるのではないでしょうか。専門家から、これらの条文は憲法13条（個人の尊重）、同14条1項（法の下の平等）、および同24条（家庭生活における個人の尊厳と両性の本質的平等）違反のおそれがあると指摘されてきました。つまり、性中立性は必ずしも平等を意味しないのです。**ジェンダー平等社会**の達成のためには、この点の改正も望まれます。また、婚姻の平等の観点からは、同性婚の法制化も必要でしょう。

読んでほしい本など

・打越さく良『レンアイ、基本のキ――好きになったらなんでもOK?』（岩波ジュニア新書、2015年）

（清末愛砂）

第2章
市民生活と法

10 相続

1 もし親が亡くなったら

このテーマを見た若い人の中には、「親も若いし今からそんなことを考える必要はないんじゃないか」と思った人もいるかもしれません。でも、いざこのような事態に見舞われると（被相続人〔亡くなった方〕が死去)、そこから少なくとも10カ月間はさまざまな手続をしなければなりません。たとえば、7日以内に「死亡届」を役所に提出、14日以内に国民年金支給を止め（厚生年金は10日以内)、健康保険証返却や世帯主変更届の提出、3カ月以内に遺言書の確認、遺産の内訳などを把握し、遺産を受け継ぐ対象者（相続人）はその遺産を受け継ぐかどうかを判断する必要があります。相続人が複数存在する場合はその遺産をどう分けるかも全員で話し合う必要があります（**遺産分割協議**)。協議が成立しなかったら家庭裁判所で調停や審判を行い、その後も相続税の手続……。この時期は無論、お通夜やお葬式、初七日、四十九日なども人によってはあると思われるので、悲しみにくれている余裕などないくらい大変な状況になるのです。

2 相続制度は廃止すべき？

このような話を聞いた読者の中には、「相続なんかしない！」とか「相続制度自体廃止したら？」なんて思った人もいるかもしれません。

ちなみに、とある番組で「自分で稼いだ財産所有は一代限りにして、その人が亡くなったら、その財産は国が没収し、それらを年金や福祉などの費用として充てましょう。だから、現行相続制度を廃止した方がいい」と提案した俳優さんがいました。社会主義圏の制度にヒントを得て発言したのかもしれませんが、うまく機能すれば、確かに国の財政は潤うと思います。でも現実はどうでしょう？　大事な家族に遺産を残せないなら、仕事も自分が生活できる位しか頑張らなくなるかもしれません（婚姻率も減少するかも⁉）。病院で余命宣告された人は亡くなる前に全財産を使ってしまうかもしれません。結果、財政は潤わず、年金や福祉に使用することができないということにはならないでしょうか。

3 相続

このような制度の存在意義を考えることも重要ですが、民法は「第五篇　相続」（882-1050条）を設けているので、ここでは“遺言（いごん）”や“遺産相続”を中心に以下話を進めていこうと思います。

この点、戦前の民法は「家」の存続に重きを置いていたため、家長が「家」や家族に関わることについての強力な決定権限を持ち、家族を統制する役割がありました。家督相続は基本的に長男で、戸主権と家産を引き継ぎました（→本書2部14章）。それに対し、戦後の民法は家族の構成員間を原則対等な関係と位置づけました。なので、相続に関しては例えば、兄弟姉妹で遺産を分ける場合、原則均等に分けるという規定があったり、民法が示す複数の相続人がいる場合の分ける割合（**法定相続分**）よりも遺産分割協議（相続人全員の話合い）で決まったことを優先するのです。

では、民法の割合とはどのようなものでしょうか？　同順位以外の相続人が複数いた場合を想定すると、①配偶者と直系卑属（子や孫）、②配偶者と亡くなった側の直系尊属（両親や祖父母）、③配偶者と亡くなった側の兄弟姉妹と3つの組み合わせが浮かびます。優先順位は①➡②➡③です。これは子どもがいる場合にはその子が相続人で両親や兄弟姉妹は該当しないという意味です（配偶者はいれば常時相続人になります）。

では、遺産が9,000万円あった場合、それぞれどのように分けるのでしょうか。①の場合は、（配偶者9,000万円×2分の1＝4,500万円、直系卑属9,000万円×2分の1＝4,500万円）、②の場合は、（配偶者9,000万円×3分の2＝6,000万円、直系尊属9,000万円×3分の1＝3,000万円）、③の場合は、（配偶者9,000万円×4分の3＝6,750万円、兄弟姉妹9,000万円×4分の1＝2,250万円）となります（下線強調部分が割合）。直系尊属や直系卑属が複数存在する場合、均等に分けることになります（①の事例で子どもが5人いた場合には1人あたり900万円）。この点、2013年9月4日最高裁違憲決定が出て法改正がされるまでは、嫡出子の半分しか相続できない非嫡出子の規定も存在しました。

ここまで現金を中心に遺産を考えてきました。しかし遺産には、現金の他、家や宝石などのプラスになる「積極財産」の他に、借金などマイナスになる「消極財産」も存在します。従って、被相続人の死亡時期により、相続人は消極財産を背負う場合もあるのです。そんな事態に対応するために、**①単純承認、②限定承認、③相続放棄**と3つの相続方法が民法に規定されています。「単純承認」は被相続人のどちらの財産もそのまま受け継ぐというもの、「限定承認」は借金返済を行っても積極財産が残れば受け継ぎ、逆であれば受け継がないという選択ですが相続人全員が共同でしなければなりません。また、「相続放棄」は1人でも可能でどちらの財産も受け継がないというものです。ただ、相続人が原則自己のために相続があったことを知った時から3カ月何もせず過ごしてしまうと自動的に単純承認を選んだことになるという点は覚えておいた方がよいでしょう（②③を選択する場合、家裁での手続が必要）。

4 遺言

前記3では遺産分割の話をしましたが、これは、遺言がなかった場合の話でした。ここでは遺言があった場合の話をしたいと思います。ただどちらのルートを辿るにしても、身内（遺言者。15歳以上で意思能力を備えた者）が亡くなった後、家族はその遺言が残されているかどうかを確認しなければなりません。この点、この遺言が法律上有効なものと認められるためには、民法が定める方式に従う必要があります。ここでは普通方式（**自筆証書遺言、公正証書遺言、秘密証書遺言**）について紹介したいと思います（別に特別方式もある）。

この中でお手軽にできるのが自筆証書遺言です。ただ従来は全部自筆でなければならなかったのですが、遺言書に添付する財産目録は自筆でなくともよくなりました。また、いわゆる遺言書保管法が2020年7月10日施行されたことで法務局に遺言を保管できるようになりました。自宅保管など従来のままでは、紛失、偽造や破棄の恐れがあったのです（偽造した場合相続権を喪失する相続欠格、その他に相続廃除の規定があります）。このデメリットを補うために公正証書遺言があるのですが、公証役場で証人2人以上が立ち合いの下（遺言者が入院中の場合公証人が出張という方法もあります)、一定の厳格な手続に従って遺言を2通作成し、1通は公証役場に保管されることになります。また、秘密証書遺言は遺言者以外その内容が誰にも秘密のまま公証人などにその存在を証明してもらうものです。

これらの遺言が見つかった場合(自宅保管の自筆証書遺言は家裁で検認手続)、遺言者の意思を大切にするために、相続分の指定や遺贈に関しては遺言に従う必要があります。しかし、配偶者、直系卑属、直系尊属である相続人に関して遺産の一定割合が保障される制度として**遺留分**が認められている点もふまえておくとよいでしょう!(ただし、一定期間内の請求が必要)

5 改正の社会背景にも目を向けよう

2018年には、配偶者の法定相続分の引き上げや寄与分制度の新設、代襲相続人の範囲制限などの改正が行われた1980年以来の大改正が行われました(配偶者居住権の新設や特別寄与制度の創設など)。これらの改正は時代毎の社会状況(たとえば、少子化)を受けていたりもします。今回やそれ以前の改正はどのような社会背景を持つものなのか、こういった点にも目を向けてもらえたらと思います。

読んでほしい本など

・二宮周平『家族法〔第5版〕』(新世社、2019年)
・「民法及び家事事件手続法の一部を改正する法律について(相続法の改正)」法務省のホームページ〈http://www.moj.go.jp/MINJI/minji07_00222.html〉

(榎澤幸広)

第2章
市民生活と法

11 LGBT

1 LGBTとは？

LGBTとは、**レズビアン**（Lesbian、女性同性愛者）、**ゲイ**（Gay、男性同性愛者）、**バイセクシュアル**（Bisexual、両性愛者）、**トランスジェンダー**（Transgender、性別越境者）の頭文字をとった単語です。これはセクシュアル・マイノリティ（性的少数者）を総称する言葉のひとつで、近年、日本のみならず世界中で盛んに使われるようになりました。電通ダイバーシティ・ラボが2015年におこなったインターネットによるLGBTの全国調査（約7万人対象）では、日本におけるLGBTの割合は7.6％で、約13人に1人という結果がでています。もはや政治的にも社会的にも文化的にも、日本の社会においてLGBTを無視することはできないのです。

2 性のあり方の多様性

そもそも性別は男と女の2つだけではありません。性のあり方には、少なくとも①**生物学的性**、②**自認する性**、③**志向する性**、④**表現する性**の四つがあるといわれています。まず、①生物学的性とは、体のつくりがどの性のつくりかということです。また、②自認する性とは、自分で認識している自分の性はなにかということであり、③志向する性とは、恋愛感情や性的欲求の対象となる性はなにかということです。さらに、④表現する性とは、自分が通常、表す性はなにかということです。それらのなかで一番わかりやすいと思われる生物学的性でさえ、外性器・内性器・性腺・性染色体・性ホルモン等の観点から考えれば、必ずしも男と女には限られないのです。以上の4つの性が交錯し、複雑にからみ合いながら、性別は50以上あるとさえ言われています。私たちはこの現実を冷静に受け止めて、多様な性が共存できる社会の構築を早急に進めていかなければなりません（→本書2部14章）。

3　多くの課題——求められる法的対応

日本国憲法13条前段の個人の尊厳の原理は、人間が生来、多面的であり、多様性をもつ存在であることを前提にして、それぞれの国民がかけがえのない人生を最大限に幸福に生きることができるような政治の実現を権力者に求めています。とするならば、LGBT をはじめとするセクシュアル・マイノリティの人々が差別や偏見を受けず、社会の中で自分らしく誇りをもって生きることのできる社会をつくることは憲法13条の要請と言えるでしょう。しかし、調査によると、トランスジェンダーの約70%、レズビアン、ゲイ、バイセクシュアルの約44%が、求職時における職場や就労支援機構の理解不足により、セクシュアリティに由来した困難を感じているそうです。

そのようななかで、2015年、東京都渋谷区は全国で初めて、同性カップルを「結婚に相当する関係」と認め、お互いを「パートナー」とする証明書を発行することを定めた、いわゆる**渋谷区同性パートナーシップ条例**を制定・施行しました。同様の条例はその後、沖縄県那覇市、北海道札幌市等、300以上の自治体で制定され、急速に広がっています（→本書1部2章9）。

そしてついに、2023年6月、激しい議論の末、性的マイノリティーに対する理解を広めるため、性的指向及びジェンダーアイデンティティの多様性に関する国民の理解の増進に関する法律（いわゆる LGBT 理解増進法）が国会で成立し施行されました。この点、同法の目的は、性的指向およびジェンダーアイデンティティの多様性に寛容な社会の実現に資することとされ（1条）、また、全ての国民は、性的指向またはジェンダーアイデンティティにかかわらず、等しく基本的人権を享有するかけがえのない個人として尊重されなければならず、性的指向およびジェンダーアイデンティティを理由とする不当な差別はあってはならないという基本理念を掲げています（3条）。さらに、国と地方自治体は、理解増進施策の策定・実施に努めるものと規定されています（4、5条）。

しかし、LGBT 関連団体のなかには、「求めてきたのは『差別禁止法』の制定であり、今回の法律は、困難や生きづらさを抱えている当事者の声に寄り添っているとは言えない」という声もあり、今後、当事者や国民一般の意見を十分に踏まえつつ、必要な法整備を図っていくことが強く望まれます。

（藤井正希）

12 児童虐待と子どもの権利

1 あいつぐ児童虐待事件

2019年1月、千葉県野田市の小学4年生が父親による繰返しの虐待で亡くなるという痛ましい事件が発生しました（前後にも類似事件発生）。また、2019年12月、名古屋高裁では、父親が自分の娘（当時19歳）に性的暴行をした罪を問う裁判が開かれ（一審は無罪）、検察側証人として出廷した精神科医（一審判決後鑑定）は「(中学2年から）長期間にわたって性的虐待を受けたことで、事件当時は心理的、精神的に抵抗できない状態だった」と証言しました（中日新聞2019年12月13日）。これらの事例はすべて児童虐待が関係する話ですが、ここでは児童虐待の現状や子どもの権利について考えていきたいと思います。

2 児童虐待相談対応件数の増加

2023年9月7日こども家庭庁公表の「令和4年度児童相談所における児童虐待相談対応件数（速報値）」では、前年度より1万1,510件増の21万9,170件となっています。この件数は2022年度中に、全国232カ所の児童相談所（児相）が児童虐待相談として対応したものですが、これまでで最多のものとなっています（1990年度から連続で更新）。前年度と比べ児童虐待相談対応件数が大幅に増加した主な要因は、①心理的虐待にかかわる相談対応件数の増加、②警察等からの通告の増加にあるといいます。

3　児童虐待とは？

では児童虐待とは何を指すのでしょうか？　児童虐待の防止等に関する法律（**児童虐待防止法**）は児童（18歳未満の者）に対する虐待として、①身体的虐待以外に、②性的虐待、③ネグレクト、④心理的虐待も位置づけています（2条）。厚生労働省「児童虐待の定義と現状」によれば、以下のような具体例があげられています（https://www.mhlw.go.jp/stf/seisakunitsuite/bunya/kodomo/kodomo_kosodate/dv/about.html）。①は「殴る、蹴る、投げ落とす、激しく揺さぶる、やけどを負わせる、溺れさせる、首を絞める、縄などにより一室に拘束するなど」を指し、②が「子どもへの性的行為、性的行為を見せる、性器を触る又は触らせる、ポルノグラフィの被写体にするなど」が該当します。③が「家に閉じ込める、食事を与えない、ひどく不潔にする、自動車の中に放置する、重い病気になっても病院に連れて行かないなど」、④は「言葉による脅し、無視、きょうだい間での差別的扱い、子どもの目の前で家族に対して暴力をふるう（ドメスティック・バイオレンス：面前DV）、きょうだいに虐待行為を行うなど」があてはまるとのことです。

4　それ以外の虐待

先に見たように児童虐待件数の増加は深刻といえますが、児童虐待防止法以外にも虐待が関わる法律として、養護者や養介護施設従事者などによる高齢者虐待を防止する法律もあるのです（高齢者虐待の防止、高齢者の養護者に対する支援等に関する法律＝**高齢者虐待防止法**）。ここでの虐待は65歳以上の高齢者に対する、“身体的虐待”、“介護・世話の放棄・放任”、“心理的虐待”、“性的虐待”、“経済的虐待”を指します。その他、養護者、障害者福祉施設従事者等や使用者による障害者虐待を防止する**障害者虐待防止法**（＝障害者虐待の防止、障害者の養護者に対する支援等に関する法律）、虐待という名称を用いてはいませんが、事実上婚姻関係にある者も含め配偶者からの身体的暴力やこれに準ずる心身に有害な影響を及ぼす言動を「配偶者からの暴力」と位置づけ、それらの暴力を防止し被害者の保護を図る**DV防止法**（＝配偶者からの暴力の防止及び被害者の保護等に関する法律）もあります（→本書1部2章13）。

5 児童の権利に関する条約

児童虐待の話に戻りますが、児童虐待防止法が制定された理由は、日本政府が1994年に児童の権利に関する条約を批准したことと関係があります（158番目）。この条約は締約国に児童虐待からその子どもを保護するために適当な立法措置をとることを定めているからです（19条）。

ところで、この条約は1989年11月20日に国連総会で採択され1990年9月2日に発効していますが、18歳未満の者を“子ども”とし（1条）、権利の主体として位置づけました。具体的な権利は以下の表のように四分類することができます。

参加する権利	意見表明権（12条）、表現・情報の自由（13条）、結社・集会の自由（15条）など
保護される権利	児童虐待（19条）、経済的搾取・有害労働（32条）、麻薬（33条）、性的搾取・虐待（34条）など
発達の権利	家庭的な環境への権利（9・10条）、教育への権利（28・29条）、休息・遊びの権利（31条）
生きる権利	健康・医療の権利（24条）

ただ、子どもといっても一括りにはできず、さまざまな状況下に存在するため、条約は、難民や武力紛争下にある子ども（22条や38条）、障害を持つ子ども（23条）、少数民族や先住民である子ども（30条）と具体的な場面から締約国が行なうべきことを規定しています。

6 子どもの「最善の利益」など重要規定

この条約で特に重要なのは、親権者や国などは子どもに関わる事項について判断する場合、親とか社会一般の利益ではなく、「子どもの最善の利益（3条1項）」（the best interests of the child）をふまえるとしたことです。また、子どもはそれらの事項について自由に自己の意見を表明する権利（子どもの意見表明権）があり、その意見は子どもの年齢や成熟度に従い「相応に考慮」されなければならない（12条）という考え方をとったことも重要です。この条約の考えを受け、民法や児童福祉法も法改正が行われました。また、教育現場で校則を作る場合、従来のように教員だけで作成するのではなく、生徒会と教員での協議を行なったり、生徒の意見をふまえるようになってきました（ただ、ブラック校則の問題はまだあります）。

また、子どもは遊びを通じて社会性を獲得していくという「遊びの権利（31条）」も重要です。この点に関し、日本の場合、子どもたちが様々な職業体験をすることができる施設『キッザニア』を思い浮かべる人もいるかもしれませんが、夏休みの三週間、7～15歳の子どもだけで運営する小さな都市『ミニ・ミュンヘン』（ドイツ）はこの権利を実現する一つの方法といわれます。

7 現場の児相では……

児童虐待防止法は、虐待を受けたと思われる子どもを発見した者の通告義務（6条）、通告後、児童相談所長は安全確認を行い（原則48時間以内）、必要に応じ、子を親から分離する一時保護の規定を定めています（8条。児童福祉法33条）。この点、相談対応件数増加に基づく児相の人員不足から、政府は児童福祉司や児童心理司の数を増やす計画を進めています。確かに、この取組みは重要ですが、厚労省も指摘するように、虐待かどうかを判断するには知識や経験など一定の専門性の向上が必要になります。また、毎日新聞調査では、2018年度の全国の児相に勤める児童福祉司の精神疾患による休職者が57人でした（2.2%。2017年度文科省調査は教員が0.55%。毎日新聞2019年11月27日）。読売新聞調査では、2.3～2.9%（2018～20年度で205人）で、民間事業者の平均0.4%の5～7倍ということも判明しました（読売新聞2021年5月19日）。このような職場の環境改善も行っていかないと、子どもの人権を守ることに弊害が生じることと思われます。みなさんはどう考えるでしょうか。

読んでほしい本など

・大久保真紀『ルポ児童相談所』（朝日新聞出版、2018年）
・慎泰俊『ルポ児童相談所――一時保護所から考える子ども支援』（筑摩書房、2017年）

（榎澤幸広）

第2章
市民生活と法

13 DV・性暴力とジェンダー

1 ジェンダーに基づく暴力

私たちが住んでいる社会には、公的領域・私的領域のいずれかを問わず、さまざまな権力関係（たとえば、教員と学生）が存在します。社会的、身体的または経済的に優位に立つ者がそうした状況を利用し、意識的または無意識のうちに被支配者に身体的、性的または心理的な暴力を加えることがあります。

生物的な性差ではなく、社会的または文化的に生みだされた性差、すなわちジェンダーにしたがってつくられた規範や権力関係を利用して加えられる暴力のことを**「ジェンダーに基づく暴力」**と呼びます。その形態は多岐にわたりますが、日本を含む世界各地でみられる典型例は、DVと性暴力です。ジェンダーに基づく暴力の被害者の多くが女性であるのは、女性間に学歴や経済力などの差があるとはいえ、男性中心主義の社会で総じて社会的に弱い立場におかれてきたからです。

2 DV被害の状況や特徴および法的対応

（1）DVの被害状況

DVとは、配偶者（元配偶者を含む）間で相手を支配するために生じる暴力のことを指します。配偶者関係には法律婚の夫婦だけでなく、事実婚の夫婦（婚姻の届出はしていないが、当事者には結婚している認識がある）、別居中の夫婦、元配偶者、生活上のパートナーとして意識しているか否かに関わらず同居しているカップルなどが含まれます。

日本のDV被害を示すデータのひとつとして、内閣府男女共同参画局による「男女間における暴力に関する調査」（2020年度調査）の結果を紹介します。有効回収数3,438人（20歳以上の男女5,000人を対象とした無作為抽出のアンケート調査）のうち、結婚したことがある2,591人を対象とする配偶者（事実婚や別居中の夫婦、元配偶者を含む）からの暴力（身体的暴力、心理的攻撃、経済的圧迫、性的強要）の経験の有無に対し、25.9%の女性がいずれかを受けたことがあると回答しました（男性は18.4%）。うち、「何度もあった」は10.3%、「1、2度あった」は15.6%でした。

(2) DVを含むファミリー・バイオレンスの特徴

ファミリー・バイオレンス（家族内の権力関係に基づいて加えられる暴力。DVや児童虐待など）には、次の特徴があります。**①密室**である家族内で起きるため、深刻な被害が発生するまで表面化しにくい、②外の目に触れにくいため、加害者が暴力を正当化しやすく、被害者への責任転嫁もなされやすい（「いうことを聞かない」などの理由が持ち出される）、③責任転嫁の結果、「自分が悪かった」という加害者意識が被害者に植えつけられる、**④私的自治の原則**（私的な法律関係は個人の意思に基づいて形成され、公権力は干渉しないとする私法上の原則）により、暴力が見逃されてきたなどの問題です。

(3) DV防止法による救済と課題

2001年に「DV防止法」（「配偶者からの暴力の防止及び被害者の保護等に関する法律」、2013年の改正時に「保護」の後に「等」が追加）が制定されました。長年の女性たちの運動により、私的自治の原則ゆえにメスが入りにくかったDV問題への対応がなされることになったのです。

DV防止法上、DVとは配偶者（性別を問わない。事実婚の配偶者や元配偶者を含む）から①生命や身体に危害を与える不法な攻撃、または②心身へ有害な影響を与える言動を受けることを意味します（1条1項）。同法に基づき、被害者は地方裁判所に保護命令の申立てができます（10条、11条）。発令できる事項は、被害者や子および親族などへの接近禁止、電話などの禁止、住居からの退去です（10条）。2023年5月の同法の改正（2024年4月1日施行）により、身体的な暴力、生命または身体への加害の告知による脅迫に加え、心身に重大な危害を加えられるおそれがある場合、つまり精神的な暴力も接近禁止命令の申立ての対象となりました。今後は被害者の迅速な保護のために、暫定的な緊急保護命令の導入が求められます。

DV 防止法の下で、「配偶者暴力相談支援センター」が各都道府県（一部の市町村にも）に設置されている（３条）ほか、被害者の相談業務を行う民間団体が各地にあります。シェルター（加害者から逃れた被害者が一時的に入居する施設）には公的および民間のものがありますが、公的なシェルターは、入居者の自由を必要以上に制限するなどの問題が指摘されています。

3　性暴力の被害者バッシングと刑法改正

(1) 被害者バッシング

性犯罪を含む性暴力とは、相手の同意なく性的行為を強いることで他人の性的自由や性的自己決定権および性的人格権を侵害する行為をいいます。形態は強かん、強制わいせつ、セクハラなど多様です。

被害者はしばしば羞恥心を抱かされ、沈黙を強いられます。また、社会には、肌が露出した服を着ていた、派手な交際歴があったとの言いがかりをつけ、被害者をバッシングする風潮があります。事後のこうしたバッシングを**「セカンド・レイプ」**といいます。裁判でも加害者の弁護士が刑の軽減を狙い、被害者の交際歴を訊くなどして、被害者にも落ち度があると主張することがあります。その結果、性犯罪が軽視され、加害者が処罰されなかったり、軽い処罰しか受けなかったりという事態が起きてきました。

(2) 性暴力に関する刑法改正

性犯罪に関しては、2017年６月と2023年６月の２回の刑法（1907年。口語化の改正、1995年）改正により、被害者の範囲および処罰対象の行為の拡大、公訴時効期間の延長、加害者の厳罰化がなされました。ここでは主に強かんに関する改正を紹介します。

2017年改正では、強姦罪が「強制性交等罪」（177条）に変わりました。強姦罪は13歳以上の女子のみを被害者としていましたが、強制性交等罪では性別の限定がなくなりました。性交の意味に肛門性交や口腔性交が加わり、法定刑の下限も懲役３年から５年へ引き上げられました。加えて、強姦罪などの性犯罪は親告罪（被害者による告訴手続を必要とする犯罪。告訴状の準備は被害者に大きな負担を与える）でしたが、その撤廃により被害届の提出のみで捜査を開始できるようになりました。

また、「監護者わいせつ罪」（179条1項）と「監護者性交等罪」（同２項）が新設され、親などの監護者による18歳未満の者への性交やわいせつ行為は、暴行や脅迫がなくても処罰対象とされることになりました。

2023年改正では、強制性交等罪が「不同意性交等罪」に変わり、同意の形成や表明などを困難にしたり、そうである状態を利用してなされたりする性交（陰茎以外の身体の一部や物を膣・肛門に入れる行為を含む）などが処罰対象とされることになりました。より具体的には、①暴行や脅迫、②心身の障害、③アルコールや薬物の摂取、④睡眠や意識不明瞭な状態、⑤同意しない意思を形成・表明・全うするのが困難な状態、⑥予期せぬ事態による恐怖や驚愕、⑦虐待による心理的反応、⑧経済的または社会的関係上の地位の違いによる影響力から生じる不利益への憂慮、という８つの行為や事由のいずれかがあるときに成立します。また、13歳未満の子どもに対して、および年長の行為者との間に５歳以上の差がある13歳以上16歳未満の子どもに対しても成立します。

4　ジェンダーに基づく暴力の根絶をめざして

DV 被害者は救済手段があっても、なかなか加害者から逃げることができません。①家族を置いていくことの罪悪感、②逃げる気力すら奪う暴力の恐怖心、③家を出てからの経済的不安などから、逃げる決心がつかないためです。被害者は逃げてもいいという意識が社会で醸成されるとともに、被害者が恐怖や不安から解放され、落ち着いた生活を持続的に送ることができる社会がつくられなければなりません。

DV にしろ、性暴力にしろ、事後の救済制度や処罰制度の整備は重要ですが、それ以前にこれらがない社会になることが求められます。そのためには、社会全体でジェンダーに基づく暴力の要因を取り除く努力をしなければなりません。

読んでほしい本など

・山本潤『13歳、「私」をなくした私－性暴力と生きることのリアル』（朝日新聞出版、2017年）
・信田さよ子『家族と国家は共謀する－サバイバルからレジスタンスへ』（KADOKAWA、2021年）

（清末愛砂）

第2章
市民生活と法

14 成年後見制度

1 成年後見制度の必要性・重要性

認知症、知的障害、精神障害などの理由で**判断能力が不十分な人**は、預貯金などの財産の管理をしたり、福祉サービスの利用に関する契約を結んだりする必要があっても、自分一人では難しい場合があります。また、自分に不利益な契約であることをよく理解できずに、**悪質商法**の被害にあってしまうおそれもあります。そこで、このような判断能力の不十分な人（以下、「本人」とします）については、本人の財産や権利を守る援助者を選び、法律的に支援する仕組みが必要です。それが1999年の民法改正により翌年から始まった**成年後見制度**です。日本は高齢化が急速に進展していますが、高齢になるほど**認知症**の発症リスクは高まるといわれています。そのため、成年後見制度は、今後ますます重要なものになっていくと考えられます。

2 成年後見制度の理念と概要

成年後見制度では、援助者が本人に代わって財産の管理や契約をしたり、本人が誤った判断にもとづいてした契約などの法律行為を取り消したりすることができますが、この制度は、①**自己決定の尊重**（できる限り本人の意思を尊重する）、②**ノーマライゼーション**（障がいのある人も家庭や地域で通常の生活を送ることができる社会をつくる）、③**残存能力の活用**（本人に残された能力を最大限活かす）を理念としています。旧規定の禁治産・準禁治産の制度にはこのような理念が欠けていました。

成年後見制度には、現に判断能力が不十分な人を対象とする**法定後見制度**と将来判断能力が不十分になった場合に備えて、誰にどのような支援を求めるかをあらかじめ契約（任意後見契約）により決めておく**任意後見制度**の２種類があります。法定後見制度には、本人の判断能力の残存度に応じて、**後見・保佐・補助**の３類型があり、申立てにもとづいて、**家庭裁判所**が審理のうえ適切な援助者を選任します。

	後　見	保　佐	補　助
判断能力	まったくない	著しく不十分	不十分
申立人	本人、配偶者、四親等内の親族、検察官、市町村長など		
援助者	後見人	保佐人	補助人
援助される人	被後見人	被保佐人	被補助人
援助者の権限	すべての財産行為についての代理権・取消権、療養看護の方針決定	民法13条1項所定の重要な財産行為※および申立て時に本人が選択した事項についての同意権・取消権	申立て時に本人が選択した事項についての同意権・取消権（民法13条1項の行為の一部に限る）
		申立て時に本人が選択した事項の代理権	

※借金、訴訟行為、相続の承認・放棄、新築・増改築、賃貸借契約など。
※いずれの類型も日用品の購入など日常生活に関する行為は本人が単独で行えます。

3　後見人の職務

後見人の職務には、本人の介護契約や施設入所契約、治療・入退院手続、日常の見守りなどを行う**療養看護**と、預貯金や不動産の管理、公共料金や税金の支払い、遺産相続の手続などを行う**財産管理**があります。いずれも、本人の意思を尊重して、その心身の状態や生活状況に配慮しながら行う必要があります（民法858条）。なお、買い物や食事の世話、実際の介護などは、職務には含まれません。

4　成年後見制度の課題

成年後見制度の利用者は、潜在的需要に比べて、伸び悩んでいます。そのため、2016年に**「成年後見制度の利用の促進に関する法律」**が制定されました。背景には、制度の周知不足のほか、後見人等のなり手不足の問題があり、親族や弁護士等の専門職ではない市民後見人の育成・活用も期待されています。また、本人を保護すべき後見人（大半は親族）による財産の横領などの不正の問題もあります。対応策としては、後見監督人の選任の申請や後見制度支援信託の利用などが考えられます。

（青野　篤）

第3章 社会問題と法

1 実名犯罪報道

1 「表現の自由」について

憲法21条では「表現の自由」が保障されています。そして表現の自由は**「自己実現の価値」「自己統治の価値」**を実現するため、一般的に**「優越的地位」**にあるとされています。ただ、何を発言してもよいわけではありません。個人の尊厳を否定したり、他者の権利を侵害する表現は**「公共の福祉」**（憲法13条）に反し、「表現の自由」の保障は受けません。また、「表現の自由の保障は受けない」とまでは言えないとしても、人権保障の観点から、適切な表現行為と言えるのかが検討されるべき問題もあります。ここでは実名犯罪報道の是非について考えます。

2 犯罪被害者の実名報道について

犯罪の犠牲者を実名で報道することは適切でしょうか？　最近では2017年に座間で9人が殺害された事件、2019年の京都アニメーション放火事件でも、実名で報道しないように要望している遺族もいました。しかし、メディアの中には犠牲者の実名を報道するものもありました。

実名報道を擁護する見解は「事件の重大性や生命の尊さを伝えるためには実名報道が必要」、「警察を監視する」などと主張します。

一方、匿名報道を擁護する見解は、「犠牲者の実名が報じられることで遺族がさらに被害を受ける」、「遺族が実名報道を拒否するのに、なぜメディアは実名で報道するのか」などと主張します。

3 被疑者・被告人の実名報道

(1)「推知禁止規定」(少年法61条)

少年法61条では、原則として「家庭裁判所の審判に付された少年又は少年のとき犯した罪により公訴を提起された者」については、氏名、年齢など、事件の被疑者などと推知できる記事等の記載が禁止されています（**「推知禁止規定」**)。推知禁止規定については裁判などでは、少年のプライバシーの保護、今まさに成長発展の途上にある存在が完全な自己決定主体となることを保障する権利である**「成長発達権」**のため、表現の自由を制約した規定とされています。

(2) 成年被疑者・被告人の実名犯罪報道

日本では逮捕段階でさえも実名が報道されます。一方、北欧やドイツ・フランス・スイスでは原則として被疑者や被告人の実名は報道されません。被疑者・被告人の実名報道の是非には大まかには以下のような見解の対立があります。

実名報道を擁護する見解は、①「表現の自由」(憲法21条)、②「知る権利」(憲法21条、13条)、③犯罪者がどこにいるかを知ることで、私たちの安全が守られるという「市民の安全」、④犯罪者への「社会的制裁」のため、被疑者・被告人の実名報道が必要だと主張します。

一方、原則として被疑者・被告人の実名報道をすべきでないという見解は、①「無罪推定の原則」(憲法31条)、②知る権利は政府情報等を対象とする権利である、③「実名報道」により「個人の尊厳」「プライバシーの権利」(憲法13条）が侵害される、④実名で報道されると裁判官なども報道の影響を受け、「公平な裁判」(憲法37条）が実現されない危険性をもたらす、⑤「社会復帰の権利」(憲法13条、25条）が阻害される、⑥本人だけではなく、家族や関係者も実名報道の被害を受ける、⑦冤罪であっても実名で報道されれば取返しがつかない、⑧本人の同意もなしに氏名を公表するのは「自己決定権」からは正当化できない。みなさんはどう考えますか？

読んでほしい本など

・飯島滋明編『憲法から考える実名犯罪報道』(現代人文社、2013年)

(飯島滋明)

第3章
社会問題と法

2 裁判員制度

1 裁判員制度とは？

裁判員制度は、刑事裁判に国民から選ばれた裁判員が参加する制度で、2009年に開始されました（**裁判員の参加する刑事裁判に関する法律**、いわゆる裁判員法）。そもそも裁判は、大きく①**「事実の認定」**と②**「法の適用」**に分かれます。そして、法の適用は、㋐**「法解釈」**を含み、刑事裁判ではさらに㋑「刑の量定（**量刑**）」をしなければなりません。この点、アメリカやイギリスなどで採用されている**陪審制**は、基本的に、犯罪事実の認定（有罪かどうか）は陪審員のみがおこない、裁判官は法の適用（法解釈と量刑を含む）をおこなう制度です。陪審員が事件ごとに選任される点にも特色があります。これに対して、ドイツやフランス、イタリアなどで採用されている**参審制**は、基本的に、犯罪事実の認定と法の適用という裁判過程の全体を裁判官と参審員とが一つの合議体を形成して一緒におこなう制度です（参審員は基本的に裁判官と同等の権利を有します）。参審員が任期制で選ばれる点にも特色があります。

しかし、日本の裁判員制度は、陪審制と参審制のいずれとも異なる独自の制度だと言えます。すなわち、裁判員制度では、裁判員と裁判官が合議体を形成し、犯罪事実の認定と量刑をおこないますが（そこでは裁判員は裁判官と対等です）、法の解釈・適用は裁判官のみでおこないます。このように、裁判員と裁判官が合議体を形成する点では参審制と、両者に役割分担が認められている点では陪審制と同じです。また、裁判員が事件ごとに選任される点でも陪審制と同じです。

それでは、このような裁判員制度はなぜ導入されたのでしょうか？　まず、①これまでの刑事裁判は、法律の専門家が中心だったため、国民にとって難解で理解しがたく、**市民感覚**からして奇異な判決も散見されました。そこで、より国民が理解しやすく、市民感覚にかなった裁判を実現するために、裁判員制度が導入されたのです。これにより、**司法に対する国民の信頼**もよりいっそう高まることが期待されます。また、②これまでは判決までに長時間を要する事件も決して少なくはありませんでした。裁判員が参加すれば、迅速な裁判に努めざるをえず、**裁判の迅速化**がはかられます。さらに、③現在、多くの国では刑事裁判に直接国民が関わる制度が設けられており、**国民の司法参加**はグローバル・スタンダードなのです（→本書2部17章）。

2 裁判員制度の具体的な手続

それではつぎに、裁判員法にそって、裁判員制度の具体的な手続を見ていきましょう。まず、裁判員制度の対象となるのは、**殺人罪、強盗致死傷罪、傷害致死罪、現住建造物等放火罪、身代金目的誘拐罪**などの重大な犯罪の疑いで起訴された事件で（裁判員法2条1項）、原則として、**裁判員6人**と**裁判官3人**が、ひとつの事件を担当します（同法2条2項）。裁判員は、無作為抽出により事件ごとに**衆議院議員選挙の有権者**（すなわち18歳以上の男女）から選ばれます（同法13条）。

裁判を法律の素人である裁判員に少しでもわかりやすくし、審理を迅速に進めるために、裁判官・検察官・弁護人は、公判期間に先だって、いわゆる**「公判前整理手続」**を行い、検察官の手元にある証拠を開示したうえで、争点を整理し、審理の予定を立てます（同法49条）。 そして、裁判員は、公判期日に出頭して、刑事裁判の審理に出席します（同法52条、54条）。公判期間は、できるだけ連日開かれ、集中審理が行われます（同法51条）。証拠調べでは、裁判員は証人・被害者・被告人に尋問や質問をすることができます（同法56条～59条）。裁判員裁判では、書面審理ではなく、訴訟関係者から直接に話を聞くことが中心となります。

公判審理が終了したら、裁判員と裁判官は、判断のための「評議」をおこないます。具体的には、①被告人が有罪か無罪か（犯罪事実について「合理的な疑問を残さない程度の証明」がなされたと認定できるかどうか）、②有罪の場合にはどのような刑罰を科するのか（量刑）について議論をします。その際、裁判長は、必要と認めるときは裁判員に対して、法令の解釈にかかる判断および訴訟手続に関する判断を示さなければなりません（同法66条）。前に述べたように、犯罪事実の認定と量刑については、裁判員は裁判官と対等な権限を持っているのに対し、法の解釈・適用や訴訟手続については、裁判官のみが判断することになっています。

最後に、評議における判断として**「評決」**がなされます。もちろん評議では全員一致の評決を目指して議論がなされますが、全員一致にいたらない場合には、裁判官および裁判員の双方の意見を含む過半数の意見による評決を行うことになります(同法67条)。そして、裁判員の立会いのもと、裁判長が評決にもとづき**判決**を宣告します（→本書2部15章)。

3 裁判員裁判の問題点

このような裁判員裁判には、さまざまな問題点が指摘されています。その典型的なものは、以下の通りです。すなわち、①**法律の素人**である裁判員が専門性の高い事件を法的に正しく判断しうるのか疑問である。②一定の要件のもとで辞退はできるが（同法16条)、**拒否権**はなく、参加が半ば強制される。③難事件では何日も裁判が続き、時間的にも、精神的にも、経済的にも重い負担になる。④マスメディアもいる公開の法廷では、**裁判員の匿名性、プライバシー権や名誉権**が守られない危険性がある。⑤裁判員には**守秘義務**が課され、秘密を漏らした場合には、重い罰を受ける（同法108条)。⑥暴力団犯罪等の場合には、裁判員には被告人による報復（いわゆる**お礼参り**）の危険性がある。⑦凶悪な殺人事件等の場合には、裁判員は残酷な証拠写真等を見なければならず、**PTSD**（**心的外傷後ストレス障害**）の危険性がある。⑧一般国民は感情に流されやすく、市民感覚に従うと量刑が重くなる傾向がある。

4 裁判員裁判の必要性

最高裁の15人の裁判官は国民審査によって国民による事後的なチェックを受けますが（憲法79条。罷免の可能性もあります)、しかし、それ以外の裁判官が国民によるチェックを受ける機会はありません。逆に、司法権の独立の原則（憲法76条）によって、独立してその職権を行使することが強く保障されています。それは、中立・公正な裁判を実現するために必要不可欠ですが、一方でそれが、独善的、権威的、国家主義的な判決を生み出してきたのです。やはり、司法にも国民の民主的コントロールを及ぼさなければならず、裁判に対する国民参加も必要不可欠です。その点で、裁判員制度の導入はきわめて当然と言えるでしょう（→本書2部3章）。

確かに、①法律の素人である裁判員が専門性の高い事件を法的に正しく判断しうるのかという疑問も生じえます。しかし、刑事裁判では、犯罪立証の挙証責任はあげて公益の代表者である検察官にあるのです。すなわち、裁判員は、本当に被告人が真犯人であるかどうかを判断する必要はなく、検察官が起訴状に書いた起訴事実が証拠により「合理的な疑問を残さない程度」に証明されたかどうかを判断すればいいのです。もし検察官の主張するストーリーに「合理的な疑問」が少しでもあれば「無罪」の結論でいいのです（**無罪推定の原則〔「疑わしきは被告人の利益に」の原則、憲法31条・刑事訴訟法336条〕**）。その判断に高度な法的知識は一切、必要ありません。検察官は強大な検察組織をバックに持つ権力者であるのに対し、通常、被告人はか弱き市井の一市民なのですから、このように解してこそバランスがとれるのです。また、量刑についても、少なくとも1人の裁判官が同意しなければ決まらないのですから、裁判員は市民感覚で判断してさしつかえなく、その点でも高度な法的知識は一切、必要ないのです。前述の②から⑧の問題点も、今後、法的に十分に対処しうるものであり、裁判員制度を否定する理由には決してなりえません。

裁判員制度で扱われる事件は死刑や無期懲役が科されうる重大刑事事件であり、法律的知識や経験がない一般人にとっては、他人の人生を変えてしまうかもしれない判断はかなりの精神的な負担となるのは確かでしょう。しかし、裁判所がおこなった2022年度の「裁判員等経験者に対するアンケート調査」では、「裁判員に選ばれる前の気持ち」として「積極的にやってみたい」はわずか14.8%にとどまりましたが、「裁判員として裁判に参加した感想」としては「非常によい経験と感じた」が62.2%にものぼっています。また、2023年に裁判所でおこなわれた裁判員経験者と法曹三者（裁判官、検察官、弁護士）との意見交換会では、「難しい言葉ばかりだったらどうしようとの不安があったが、丁寧な説明があったので安心した。事案も身近で非常に勉強になった」、「参加する前は、裁判員制度は他人事で意識もしていなかったが、参加後はテレビ等の裁判のニュースにも興味を持つようになった」など、裁判員経験者の前向きな意見が多くきかれています。

みなさんの不断の努力で裁判員制度を少しでもより良いものにして日本に根づかせていきましょう。

（藤井正希）

第3章
社会問題と法

3 死刑制度

1 死刑は常識？

「他人の命を奪った者が、自分の命で罪を贖うのは当然だ」。こうした考えを、日本においては多くの人が共有していることでしょう（2019年度の内閣府の世論調査で8割以上の人が死刑を肯定)。しかし、死刑制度は、日本では常識であっても、世界的には常識ではありません。なぜでしょうか。これからその理由について考えてみたいと思います。

2 刑法の機能

犯罪と刑罰について規定しているのは刑法です。この場合の**「刑法」**とは、一般刑法である刑法典（「刑法」という名称の法律。狭義の刑法）は当然として、その他の個別的な犯罪と刑罰について規律する特別刑法（たとえば、覚せい剤取締法、銃砲刀剣類所持等取締法、軽犯罪法、不正アクセス行為の禁止等に関する法律、迷惑防止条例など）すべてを指します（広義の刑法)。

刑法には、以下の3つの機能があります。①規制的機能（ある行為を犯罪として規定することで、暗に「してはならないこと」として規制する)、②法益（生命・身体・自由・財産など法によって保護される利益）を保護する機能（たとえば、窃盗が犯罪とされるのは、それを禁止することで人の財産を守るため)、③人権を保障する機能です。

犯罪者を罰する刑法に人権保障の機能があるのかと、意外に思われるかもしれませんが、これは身体的自由権と密接に関わる**適正手続**（due process）（→本書2部15章）に関係します。すなわち、刑罰を科すには犯罪と刑罰に関するルールが事前に法令で定められている必要があり（**罪刑法定主義**)、刑法にはさまざまな犯罪がリスト化されています。逆に言うと、このように犯罪とされた行為以外については、安心して行えるということです。日本国憲法39条は、実行の時に適法であった（その時点で犯罪とされていない）行為については刑事上の責任を問われないとしており（**遡及処罰の禁止**）、私たちの行動の自由を保障しています。

3 死刑が適用される犯罪

刑法で規定されている一番重い刑罰が死刑です。刑法典上、死刑になりうる犯罪として、内乱罪（首謀者のみ。77条1項1号）、外患誘致罪（81条）、外患援助罪（82条）、現住建造物等放火罪（108条）、激発物破裂罪（117条1項前段）、現住建造物等浸害罪（119条）、列車転覆等致死罪（126条3項）、往来危険罪の結果的加重犯（127条）、水道毒物等混入致死罪（146条）、殺人罪（199条）、強盗致死罪（240条後段）、強盗・不同意性交等致死罪（241条3項）があります。これらのうち、外患誘致罪の刑罰は死刑のみと一番厳しいものとなっています。殺人罪の刑罰が一番重いわけではないのです。

4 死刑の是非

(1) 死刑存廃論議

死刑はアリかナシかについて、それぞれの主張を見てみましょう（死刑存廃論の根拠は実に多種多様ですが、ここでは代表的なものに留めます）。まず一般的な存置の論拠としては、①遺族感情、②死刑がなかったら無期懲役刑で、そこそこの年数（10年程度？）で仮釈放になるのは許せない、③重い刑罰の方が犯罪抑止効果が高い、④人殺しが死刑になるのは当然の報いだ、というものがあげられます。

これらに対して廃止派からは次のような反論がなされます。①遺族感情も一様ではない（人によって意見はさまざま、時間的経過も考慮すべき）、②-ⓐ近年では30年以上服役しなければ仮釈放も認められない運用がとられており、年数が経てば自動的に仮釈放になるわけでもない、②-ⓑ終身刑を新設する方法もある（終身刑については人道的見地から異論も多い）、③死刑による抑止効果の科学的根拠は薄い、④応報刑という刑罰の考え方に問題がある。また、⑤冤罪の可能性が排除できない状況で、死刑にしては取り返しがつかない、⑥国家といえども人の命を奪う権限はない、といった議論もあります。

④に関連して、そもそも刑罰は何のためにあるのでしょうか。これについての日本の伝統的な考え方は**応報刑主義**（刑罰は犯した罪に対する報いだとする考え方）です。これに対して、**目的刑主義**は、刑罰は犯罪予防や犯罪者の更生といった一定の目的に役立ちうる点に意義があるとする考え方で、中でも、刑罰が受刑者を教育（または改善・更生）するためにあるとする考え方を**教育刑主義**といいます。社会全体にとって、どのような刑罰のあり方が望ましいでしょうか。

(2) 法的解釈

日本国憲法36条は**「残虐な刑罰」**を「絶対に」禁止しているので、まず死刑がそれに当たるかが問題となります。最高裁は、死刑そのものが直ちに残虐な刑罰に当たるとはいえないが、その執行方法がその時代と環境とにおいて人道上の見地から一般に残虐性を有すると認められる場合（たとえば、火あぶり、はりつけ、さらし首、釜ゆで）は残虐な刑罰となるとして、絞首刑（刑法11条）はそれには当たらないとの判断を下しています（最大判1948年3月12日）。同補充意見では「国家の文化が高度に発達して正義と秩序を基調とする平和的社会が実現し、公共の福祉のために死刑の威嚇による犯罪の防止を必要と感じない時代に達したならば、死刑もまた残虐な刑罰として国民感情により否定されるにちがいない」として、将来国民感情の変化次第で死刑が違憲となる可能性も示唆されましたが、今日、市民参加の裁判員裁判でも死刑判決が出されています。それでは、75年前と状況は何も変わっていないのでしょうか。

(3) 世界の動向から見た日本の課題

日本と比べると、世界の死刑に関する議論は盛んです。世界人権宣言（1948年採択）3条（すべて人は、生命、自由及び身体の安全に対する権利を有する）と5条（何人も、拷問又は残虐な、非人道的な若しくは屈辱的な取扱若しくは刑罰を受けることはない）にあるように、死刑は**人権問題**として考えられています。

1989年、死刑の廃止を目指す「市民的及び政治的権利に関する国際規約第2選択議定書」（**死刑廃止条約**）が採択され、1993年には国際戦犯法廷が死刑判決を出さないことを決めました。2007年以降度々、国連総会で死刑執行停止を求める決議が出され、日本にも、国連人権理事会等から死刑廃止や執行停止を検討すべきとの勧告が再三なされるなど、世界の趨勢は死刑廃止の方向に進んでいます。アムネスティ・インターナショナルによれば（2022年12月）、すべての犯罪に対して廃止112カ国、通常犯罪に対して廃止9カ国、事実上廃止（10年以上執行停止）23カ国の計144カ国で、存置国55カ国に比べて圧倒的多数です。

市民が司法に参加する制度を採用する国は多いですが、その中で死刑を認め、執行している国は実は多くありません。アメリカ合衆国は死刑の印象が強いですが、20以上の州が死刑を廃止し、10以上の州・軍隊が10年以上死刑の執行を停止しています。また、合衆国が採用する陪審制の陪審員は有罪・無罪を決めるだけで量刑判断まではしません（→本書1部3章2）。他方、日本の裁判員制度では、裁判員が量刑判断も行い、しかも重大犯罪が対象ですので、死刑にするか否かを一般市民が判断しなければなりません。自分の判断が被告人の（文字通りの）命運を決めるとなると、裁判員の精神的負担は相当大きいものとなるでしょう。

日本では、死刑の実態についての情報は国民の間にあまり行き渡っていないのが実情です。そうした中で世論調査を行っても、イメージ先行での議論になってしまい、建設的な意見は出てきにくいものです。まずは、この問題に関心を持つことから始めてみてはいかがでしょうか。

読んでほしい本など

・森達也＝藤井誠二『死刑のある国ニッポン』（金曜日、2009年）

（松原幸恵）

第3章
社会問題と法

4 中絶

1 海外の「中絶」をめぐる議論と現状

欧米では「中絶」の問題は一般的に、「女性の自己決定権」を優先するPro-Choiceと「胎児の生命権」を優先するPro-Lifeという観点から、その是非が議論されてきました。

そして宗教や法的問題が意識されて中絶の問題が語られる欧米では、「中絶」の問題は決して小さい問題ではありません。たとえばアイルランドでは1992年、強姦されて妊娠した14歳の少女が中絶するためにイギリスに行くことすら国をあげての問題となりました。アメリカでは連邦最高裁判所で何度か判決がくだされ、大統領選挙の際に「中絶」問題が争点になり、「中絶」する医師の暗殺事件などがおきたこともあります。ドイツでも1975年2月25日、連邦憲法裁判所が、受胎後12週以内の中絶が妊婦の同意の下で医師により行われる限りは処罰されないと明記されたドイツ刑法218のa条の合憲性を判断するに際し、判決文を厳重に封をしてヘリコプターでボン（当時の首都）まで運び、連邦憲法裁判所が判決の言渡しを終える11時になって裁判所の了解を得てから判決文の入った封書を開封させることを政府に約束させたなど、国家機密並みの扱いがされました。そして、ナチスの残虐行為が繰り返されないことに主眼が置かれた現在のドイツの基本法（＝憲法）では「生命の権利」がとりわけ重視されていることを理由に、連邦憲法裁判所は上記規定を違憲としました。日本では「中絶」をめぐる政策はどうなっているのでしょうか？

2 中絶をめぐる戦前の政策

敗戦までの日本では、**「富国強兵政策」**が採られました。その実現のためには多くの労働力、とりわけ軍人が必要と考えられていました。人口を増やすという政策を実現するための役割の一端を担ったのは**「堕胎罪」**でした。1880年に成立した刑法には堕胎罪が設けられ、1907年には堕胎罪の刑罰が重禁固刑から懲役刑と重く改正されました。分娩介護者も国家の管理下に置かれ、1874年に産婆の免許制を導入し、1899年に産婆の開業資格を限定しました。産婆は妊婦の手助けでなく、国のために子どもを産ませる使命を負わされていたのです。子どもを多く生ませるという政策として、1932年の子宮内避妊器具（IUD）の使用禁止のように産児調節も禁止されました。1938年には人口政策確立要綱が閣議され、妊産婦や乳幼児の保護や栄養の向上、早婚・多産の奨励、堕胎・避妊の禁止が打ち出されました。その後も1939年の乳幼児の一斉検診の開始、1940年には10人以上の嫡子を育てた優良多子家庭の表彰、早婚奨励、1941年には国民優生法による不妊手術の禁止、1942年の妊産婦手帳による妊娠の届出制度の開始など、人口を増やす政策がとられました。ただ、単純に子どもが多ければよいと考えられていたわけではありません。ナチスの優生政策にならい、役に立たない者を「不健全素因を持つ劣性」と位置づけ、根絶しようとする政策も同時にとられていました。

3　中絶をめぐる戦後の政策

1945年の敗戦後、こうした人口政策は一転します。人口が増加すれば経済復興が遅れること、駐屯米兵との「混血児」の出生を避けたいこと、生活苦の中で非合法堕胎や自己堕胎で生命を損なう女性を救うべきという理由で、中絶合法化の動きが国政に反映されます。1948年には**優生保護法**が成立しました。人口抑制の観点から中絶が許されるようになった点では政策転換がありましたが、「優生上の見地から不良な子孫の出生を防止するとともに、母性の生命健康を保護することを目的とする」（1条。傍点は筆者）とされた「優生保護法」では、戦前の優生政策が依然として引き継がれていました。1949年には優生保護法が改正されて「経済的理由」が追加され、中絶の適応範囲が拡大されました。1952年には事前の審査制度が撤廃され、指定医師の認定だけで中絶が可能になり、実質上「堕胎罪」は空文化しました。その結果、中絶は急激に増加しました。しかし1960年代になると出生率が低下し、このままでは経済成長に支障をきたすことが懸念されました。日本は「堕胎天国」と称され、海外からの「堕胎ツアー」も社会問題となりました。そこで政府は中絶に歯止めをかけようとします。1972年から1974年にかけて自民党は、優生保護法を改正して「経済的理由」による中絶を認めないこと、出生前診断により出生後に身体的・精神的障がいのある子どもが産まれる可能性がある場合の中絶を合法化する「胎児条項」を導入しようとしました。しかし、「経済的理由」を削除することには女性から自己決定を奪うとして女性団体が、「胎児条項」の導入については障がい者差別につながるとして障がい者集団が反対し、法改正は行われませんでした。1982年にも「経済的理由」を優生保護法から削除する内容の法改正が企図されましたが、女性団体の反対により成立しませんでした。

1996年、「優生保護法」は改正され、**母体保護法**となりました。母体保護法で中絶が容認されているのは、医学的事由（母体保護）、倫理的事由（強姦など）、社会的事由（経済的理由）の3つの場合だけであり、優生保護法で定められていた「優生学的事由」は削除されました。

4 優生保護法下での強制不妊手術

1996年、優生保護法は母体保護法になりますが、旧優生保護法下でも「不良な子孫の出生を防止する」という観点から、強制的に不妊手術をされた人たちがいます。国が把握しているだけでも約２万5000件の強制不妊手術がなされました。本人の意思を無視した強制不妊手術に関しては、たとえば2023年３月23日、大阪高等裁判所は、旧優生保護法の優生条項の、「優生上の見地から不良な子孫の出生を防止する」という立法目的が、極めて非人道的であって、個人の尊重を基本原理とする日本国憲法の理念に反することは明らかであるから、憲法13条、14条1項に明らかに違反すると判示し、賠償を命じました。20年経ったら賠償請求権を失うという民法724条の「除斥期間」については、たとえば2023年３月11日、東京高等裁判所は、違憲であった法律による被害に対し機械的にこれを適用することは、著しく正義・公正の理念に反するとしました。旧優生保護法の規定が憲法違反という判決は他の裁判でもなされていますが、国側は最高裁判所への上告をしました。2024年２月、最高裁判所大法廷は５月に弁論をひらくことを決めました。

5 出生前診断について

1996年以降も母体保護法改正の動きは存在します。「経済的理由」の削除と、「胎児条項」の導入が議論されてきました。最近では、「障がいのある子ども」の中絶の前提となりうる**「出生前診断」**をめぐる議論がなされています。2019年10月21日、厚生労働省は「新型出生前診断（NIPT）」に関する有識者会議を開催しました。ここでは、出生前診断をめぐる議論を中心に紹介します。

出生前診断に賛成の立場は以下のように主張します。①最近でも、難病を抱えて生まれた子どもの将来を憂い、辛い思いをさせたくないとの思いから幼い子どもに手をかけて逮捕・有罪判決を受けた母親の事例が存在したように、障がいのある子どもは家族にとっては精神的な負担となるのであり、出生前診断やその結果を受けての「中絶」という選択肢を認めるべき、②障がいを持つ子どもを産む・産まないを決めるのは女性の「自己決定権」（憲法13条）に委ねられるべき、③出生前診断は常に生命の選別につながるという批判は一面的であり、超音波検査で出生前に胎児に異常が発見されたことで、そのまま生まれたのでは生命を落とすはずの胎児を治療により助けることもできる場合がある。

一方、反対の見解は以下のように主張します。①「出生前診断」は、「生まれて良い生命」と「生まれることが望ましくない生命」を定め、「生命の選別」につながるが、これは1996年に、障がい者への差別にあたるとして削除された「優生上の見地から不良な子孫の出生を防止する」という優生思想の復活へ道を開く、②「出生前診断」と、その結果を受けての「中絶」という道があることで「女性の選択権の拡大」とはならず、「障がいのある子どもは産んではいけない」という圧力になる。むしろ女性の「自己決定権」が事実上、制約される、③「重い疾患のある子どもの中絶は母親の幸福追求権の範疇に入る」という考え方は「障がい児を生んだ母親は不幸」という偏見に基づく。実際に障がいのある子どもを持つ親からも「子どもを産んで良かった」という声もたくさん聞かれる、④障がいのある子どもや親たちがつらい思いをするなら、その子たちを不幸な存在として排除するのではなく、幸福に生活できる社会環境をつくることに専念すべきである。

みなさんはどう考えますか？

読んでほしい本など

・丸本百合子＝山本勝美『産む／産まないを悩むとき――母体保護法時代のいのち・からだ』（岩波書店、1997年）

（飯島滋明）

第3章
社会問題と法

5 ハンセン病問題

1 ハンセン病とは？

ハンセン病（昔は“らい病”と呼ばれていました）は、**らい菌**を原因とする慢性の感染症のことです。実際には、らい菌の感染力は非常に弱く、ハンセン病は非常に感染しにくい病気です。栄養状態や衛生状況の悪い国では現在でも発病することがありますが、現在の日本では発病の事例はほとんどなく、たとえ感染しても簡単に治癒します。しかし、以前は原因不明で有効な治療法がなく、顔面や手足がひどく変形するなどの後遺症が残ることもあり、また、伝染力が強いという間違った考えも広まり、ハンセン病患者は強い差別や偏見にさらされました。

政府は、昭和の初期には、ハンセン病患者を見つけだし、強制的に入所させるという**「無らい県運動」**を全国的に進め、強制隔離によってハンセン病を絶滅させるという政策のもと、患者を療養所へ強制的に入所させました。それはまさに犯罪者に近い扱いでした。そして、1953年、**「らい予防法」**が成立しましたが、この法律の存在が社会のハンセン病に対する差別や偏見をよりいっそう助長しました。家族の中からハンセン病患者が一人でもでれば、家族の全員が職や地位を追われ、結婚も就職もできなくなり、一家離散を余儀なくされるということも実際にあり、ハンセン病に対する差別や偏見は一向になくなりませんでした。1996年になってようやく「らい予防法」は廃止されました。しかし、実際は、1941年には、ハンセン病の特効薬であるプロミンが開発されて、ハンセン病は既に完治する病気になっていたのであり、強制隔離によるハンセン病絶滅政策は世界的にはまったくの時代遅れになっていたのです。それにもかかわらず、「らい予防法」を放置し、平成の時代まで**強制隔離政策**を維持し続けた国家の怠慢が、ハンセン病患者やその家族を苦しめ続けたのです。

2 ハンセン病患者の苦しみ

群馬県にある草津温泉の湯畑の近くに80年以上も前からハンセン病患者の療養所である**栗生楽泉園**があります。以前は1,300人以上の患者が収容されていましたが、現在の収容者は100名にも満たなくなっています。そこで今でも生活しているハンセン病元患者のある方から直接聴いたつぎの話を私は決して忘れることができません。「小学生の6年生の頃、手が変形していました。すると、ある先生が見つけて、『あなたはもう学校に来なくてもよろしい』といわれました。しばらくたって、家に予防課の職員がやってきて『恐ろしい病気であるからここにはいられない。療養所に連れていきます』といわれトラックに詰められました。泣いたって叫んだってどうしようもないんです。残された家族は消毒のためと言われて家中に石灰をまかれます。近所の人が見に来るんですよ。そうすると家族は隣近所の付き合いもダメになってしまう。兄弟の結婚も破たんになってしまう」。

栗生楽泉園の正門を入った右奥に、特別病室という名の“**重監房**”がかつてありました。当時のハンセン病患者療養所の所長には、**懲戒検束権**が与えられ、正式な裁判を経ることなく、収容者にさまざまな懲罰が課されました。全国の療養所において、看守の指示に素直に従わず、特に反抗的とされた患者が所長の判断で移送され収監されたのがこの重監房でした。まわりは約4メートルの高い壁で囲まれ、小さな窓からわずかな明かりが差し込むだけでした。冬になると雪が積もり、マイナス20度近くにもなります。そのような環境のなかで、粗末でわずかな食事で生きのびなければなりませんでした。まさに地獄のような場所でした。残っている乏しい記録によれば、20人以上が重監房の中で亡くなっています。このような事実はほとんど国民に知られることなく、歴史の闇に消えかけています(→本書2部12章)。

3 ハンセン病の司法的救済

13人の勇気あるハンセン病元患者が、国によるハンセン病患者に対する隔離政策は違憲・違法であるとして国に国家賠償を求めた**熊本ハンセン病国家賠償請求訴訟**において熊本地裁は、原告全面勝訴の画期的判決をくだしました(2001年5月11

日)。すなわち、「らい予防法」の強制隔離政策は、ハンセン病患者の**居住・移転の自由**（憲法22条）を侵害するだけではなく、「人として当然に持っているはずの人生のありとあらゆる発展可能性」を大きく損なうものとして、**憲法13条**に根拠を有する**人格権**そのものへの侵害であるとしました。また、強制的な断種や堕胎については、被告である国の主張は、「入所者らの置かれた状況や優生政策による苦痛を全く理解しないものといわざるを得ず、極めて遺憾である」とし、強制労働の存在も明確に認めました（→本書2部6章）。

強制隔離の必要性については、当時の医学的知見を総合すると、1953年制定の「らい予防法」は、「制定当時から既に、ハンセン病予防上の必要を超えて過度な人権の制限を課すものであり、公共の福祉による合理的な制限を逸脱していた」のであり、遅くとも1960年には「その合理性を支える根拠を全く欠く状況に至っており、その**違憲性**は明白」としました。よって厚生省（現厚労省）は、その時点で強制隔離政策を抜本的に転換する必要があったのにもかかわらずそれを怠り、さらに、1965年にいたってもこれを放置し続けた国会議員の行為も違法であり、「国会議員の過失も優にこれを認めることができる」として行政府と立法府の責任を同時に断罪し、国家賠償を認めたのです（→本書2部17章）。

このハンセン病元患者である原告の完全勝訴の判決に対し、政府は控訴をせず、自らの非を認め、元患者に謝罪をしました。そして、これをきっかけに衆参両議院で**「ハンセン病問題に関する決議」**（衆議院2001年6月7日、参議院同年同月8日）が採択され、新たに補償をおこなう法律も制定されたのです。

4　ここから何を学ぶか？

大正時代の初め（1916年）、群馬県草津町に聖バルナバ教会を建設した英国聖公会の宣教師に**コンウォール・リー**というイギリス人女性がいました。前述したように、当時、ハンセン病患者やその家族は強い差別や偏見にさらされていました。そのようななかで、コンウォール・リーは、ハンセン病の患者たちと出会い、かれらを差別し排除するのではなく、受け入れて救済の手をさしのべたのです。すなわち、社会に居場所のないかれらに、治療と宗教的救済を目的に収容施設、病院や学校、教会をつぎつぎと建設しました。私ならば、感染の恐怖、差別や偏見へのおそれのために絶対にそんなことはできないと思います。非人間的な扱いを受け続けるハンセン病患者の人権擁護のために命がけで闘った人びとの情熱や崇高さには本当に胸をうたれます。驚くべきことに、そのような人びとは決して少なくはないのです。なぜ人間がそんなに強くなれるのでしょうか？　ハンセン病問題を通してその理由を知ることができれば、社会における艱難辛苦を乗り越える人生のヒントにできるでしょう。

また、ハンセン病問題以外にも、足尾銅山鉱毒事件、熊本・新潟水俣病事件、薬害エイズ事件、沖縄米軍辺野古新基地建設問題等、世間を大きく騒がせたそれらの社会的な問題や事件の背後には、共通する“対立の構図”が存在しています。すなわち、強大な権力を持つ国家・大企業とそれに立ち向かう被害者である市井の市民との対立の構図です。そして、その背後には“**権力による弱者切り捨ての論理**”が潜んでいるのです。ハンセン病問題を通してこのような権力の論理を知り、それを批判的に検証して学ぶことは、将来の人権や政治の問題に適切に対処するために大いに役立つと思います。さらに、ハンセン病について学べば学ぶほど、国家や社会の冷たさや理不尽さを痛感します。それは、学生が就職の前に社会の現実を知る予行演習になります。そして、それをぜひ人権感覚を深めるきっかけにしてください。そこで培った人権感覚は、皆さんが社会人となった後も、大いに役立つに違いありません。

その後、ハンセン病については、2016年、元患者の家族も「らい予防法」にもとづいて国が患者の隔離政策を進めたことで、就学・就労や結婚で差別を受け、家族関係が破綻したなどとして、損害賠償を求める裁判をおこしました（いわゆるハンセン病家族訴訟）。この点、熊本地裁は、「隔離政策によって患者の家族が差別を受ける社会構造が形成され、就学・就労の拒否、結婚差別などの被害が生じ、家族関係の形成を阻害した」、「医学の進歩などによって、遅くとも1960年には国に隔離政策を廃止する義務が生じ、96年にらい予防法が廃止された後も正しい知識を普及して偏見を除去する義務があったのに、その義務を怠った」と判断し、損害賠償請求を認めています（2019年６月28日）。しかし、厚労省は、推計で補償対象者は２万４千人いるが、請求者は2022年時点で約３割にとどまっている事実を公表し、「家族や周囲に知られることへの不安」などをその理由としています。このようにハンセン病問題は、いまだ現在進行中の問題なのです。

（藤井正希）

第3章
社会問題と法

6 難民問題

1 難民とは

(1) 難民と国内避難民

「難民」といえば、戦争、政治的迫害、自然災害などの理由から他国・他地域に避難せざるを得なくなった人々と考える人が多いでしょう。難民の意味を広くとらえると、その理解は大筋間違っていませんが、厳密にいうと国境を越えて避難した人々のことを指します。避難先が国内にある場合は**「国内避難民」**と呼ばれます。

UNHCR（国連難民高等弁務官事務所）の年間報告書「グローバル・トレンズ・レポート 2022」（Global Trends Report 2022）によると、世界各国の難民の数は3,530万人、国内避難民の数は6,250万人となっています。なお、難民には、UNRWA（国連パレスチナ難民救済事業機関）が支援対象とする590万人のパレスチナ難民（1948年のイスラエルの建国の過程と第一次中東戦争の終了までに故郷を追われたパレスチナ人とその子孫）が含まれます。

このように、世界では非常に多くの人々が難民または国内避難民として暮らすことを余儀なくされているのです。また、2015年に中東やアフリカ諸国から数多の人々が、紛争や迫害から逃れるために庇護を求めてヨーロッパに向かいました。それにともない、欧州各国がその受入れや保護をめぐり対立するなど、「欧州難民危機」と呼ばれる事態が起きました。

(2) 難民の定義

国際法上の難民は、上述の意味よりも狭くとらえられています。難民の権利などを定める「難民の地位に関する条約」（以下**「難民条約」**）（1951年採択）は、「（前略）人種、宗教、国籍若しくは特定の社会的集団の構成員であること又は政治的意見を理由に迫害を受けるおそれがあるという十分に理由のある恐怖を有するために、国籍国の外にいる者であつて、その国籍国の保護を受けることができないもの又はそのような恐怖を有するためにその国籍国の保護を受けることを望まないもの（後略）」（1条A項2号）と定義しています。

この定義を単純に文字通り理解すると、外国の武力攻撃や内戦などを理由に国外に避難した人々は、難民の枠に入らないことになります。人道上、明らかに保護が必要であるのに、枠に入らないために手を差し伸べることができないというのは、けっして好ましいことではありません。より多くの人々の保護のために、もう少し広義な定義が必要です。ただし、この定義が平時か戦時かを明記していないことから、UNHCRは何らかの武力攻撃や内戦などにより人々が国境を越えて逃げざるを得なかった場合でも、この定義に当てはまるのであれば、難民と見なして支援対象にしてきました。

(3) 難民保護の原則

なお、難民条約は、締約国に対し、迫害のおそれがある領域の国境へ追放または送還してはならない旨を規定しています（33条1項）。これは**「ノン・ルフールマン原則」**と呼ばれる、難民保護における国際的前提を明文化したものです。ところで、難民条約には1951年以前に難民化したという時間的制約、および各国の裁量によりその要因が欧州で起きた事件に制限されうる地理的制約があるため、その解決のために1967年に「難民議定書」が採択されています。

2 日本の難民認定制度と課題

(1) 難民認定制度の導入と手続の流れ

日本の難民の受け入れは、1975年の「インドシナ難民」の一時的滞在許可からはじまりました。その後、1981年に難民条約を批准したことにより（1982年に難民議定書を批准）、翌1982年に難民認定制度を整備するために「出入国管理令」を改正し、「出入国管理及び難民認定法」（以下**「入管法」**）が制定されました。

各地にある出入国在留管理局（本庁は法務省出入国在留管理庁）で難民認定申請がなされると、難民条約上の難民の定義に当てはまるか否かが審査されます。個々の申請者は、定義に明記されている理由により迫害されるおそれがあることを自ら証明することが求められます（立証責任）。逃げるときに、迫害を証明できる証拠を持ち出すことが難しい場合が多々あるため、申請者にとって立証責任は大きな障壁になっています。

ところで、2023年６月の入管法の改正により、保護の対象を広げるために「補完的保護対象者」という概念が導入されました（2023年12月１日から施行）。これにより、難民条約の定義に示された迫害理由には当てはまらないものの、それ以外の要件を満たす者を保護対象にすることができるようになりました。たとえば、武力攻撃により他国に避難せざるを得なくなった者です。

難民認定の申請後は難民審査官による調査を経て、法務大臣による認定の決定がなされると難民認定証明書が交付され、在留資格を得ます。不認定処分を受けると、通知から７日以内に審査請求（最終的には法務大臣による決定）ができます。その結果、再度認定されなければ、そのときの申請手続自体は終わりになります。ただし、最初の不認定処分や審査請求による不認定処分の取消し訴訟を行う方法は別途あります。また、不認定となった場合でも再度、難民認定の申請ができ、その期間中は申請者の送還が止まることになっています（送還停止効）。しかし、2023年６月の入管法の改正により、それまではなかった3回目以降の難民認定の申請者の強制送還を可能とする例外規定が盛り込まれました（2024年６月15日までに施行）。これは、ノン・ルフールマン原則に反する規定であり、難民の保護とは相容れないものです。結果的に申請者を危険に追いやることになりかねません。

2005年まで入国後60日以内の申請が要件とされていました。これは日本語や制度がわからない申請希望者にとって大きな障壁となっていましたが、2004年に撤廃されました。また、不認定処分に対する審査請求の裁決においても、2005年に「難民審査参与員制度」が創設されたことから、学識経験者から任命される難民審査参与員の意見が必ず出されることになりました。難民認定は人を迫害から守るための手段の一つであることから、十分な審査が求められます。それにもかかわらず、2022年の入管法の改正議論の過程で、実務においては、特定の難民審査参与員が大量の案件を審査してきたことが発覚し、制度運用の適正さが疑問視される事態も起きました。

(2) 今後の課題

出入国在留管理庁が公表しているデータ（「令和４年における難民認定者数等について」）によると、日本では2022年に3,772人が難民認定申請を行っています（複数回申請者を含む)。同年の難民認定者数は202人でした。

日本は、これまで積極的に難民を受け入れてきた国々に比べると、認定率が極端に低い国です。その主な理由は、①社会に外国人への排外的感情が根強くあること、また②難民認定の申請者が経験してきた厳しい状況への理解に欠ける審査がなされていることにあります。

一方で、少しずつ改善されてきた面もあります。上述のように、補完的保護対象者の認定制度も導入されました。また、2010年からは第三国定住プログラム(ミャンマー難民など)も実施されています。

今後は、難民条約の批准国として他国・他地域で起きている深刻な人権侵害などの状況を真摯かつ的確に学ぶ必要があります。これは難民認定に関わっている者だけでなく、社会の構成員全体に対して求められることです。それにより難民問題に関する人権意識の醸成を図り、受け入れ施策の拡充を進めていかなければならないでしょう。また、迫害の危険性の回避を最優先し、3回目以降の難民認定の申請者の強制送還を可能とする制度を撤廃することも強く求められます。

読んでほしい本など

- 根本かおる『難民鎖国ニッポンのゆくえ−日本で生きる難民と支える人々の姿を追って』(ポプラ社、2017年)
- 滝澤三郎編著『世界の難民をたすける30の方法』(合同出版、2018年)
- 志葉玲『難民鎖国ニッポン　ウィシュマさん事件と入管の闇』(かもがわ出版、2022年)

(清末愛砂)

7 原発・気候変動

1 原子力／核施設

(1) 原子力／核施設の現状

原子力／核エネルギーは、もともと核兵器（原爆、水爆など）の開発の副産物としてこの世に生み出されたものでした。世界的には、核兵器保有国と国内に石油資源が産出しない国を中心に1960年代から原子力発電所が建設されてきました。2023年段階で、商業用原子炉は世界中で約450基あり、そのうち約10分の1が日本にあります。1970年代には、オイルショックがあったこともあり、未来のエネルギーとして期待されていたのです。しかし、実質的に発電以外にエネルギーを取り出せないこと、経済的に見合わないこと、事故がなくても大量の放射性廃棄物が出て、その処理が事実上不可能なこと、環境への影響が甚大であること、数十年という短い期間の間に地球規模の原子力災害（チェルノブイリ原発事故、福島第一原発事故）が起こったこと、自然（再生可能）エネルギーの導入が世界的に急速に進んでいること、住民・国民の理解を得られなくなってきたことから世界的に縮小する傾向にあります。また、使用済み核燃料からプルトニウムを取り出し、燃料として再利用し、それを繰返すという**核燃料サイクル**の取組みは現在日本も含めて世界中ですべて破綻しています。

(2) 原子炉の大事故、原子力・核災害と原子力をめぐる法

原子力発電は、制御できなくなった際の事故が破局的になります。実際に、大規模商業用原発では、1979年の**スリーマイル原発事故**ではメルトダウン（炉心溶融）、1986年の**チェルノブイリ原発事故**ではメルトスルー（炉心溶融貫通）と大爆発、放射能の大量放出、2011年の**福島第一原発事故**ではメルトスルーと放射能の大量放出という事態に至りました。原子力発電は、負担が不可能なリスクを抱えるもので

あり、リスクが現実の危険になった際には取返しがつかないものなのです。

日本では原子力基本法（1955年）、核原料物質、核燃料物質及び原子炉の規制に関する法律（1957年）、原子力災害対策特別措置法（1999年）などの法律を制定して、規制と、事故防止、事故対応をすることになっています。実際には十分機能しておらず、2024年1月も原子力災害対策特別措置法15条に基づく**原子力緊急事態宣言**は解除されていません。福島原発事故後、**国会事故調、政府事故調**などの調査もあり、原子力安全保安院が**原子力規制委員会**になるなど一定の改善は見られますが、核施設の安全・防護対策や規制基準、避難計画などはまったく不十分な状況が続いています。事故後の原発の再稼働などについて、伊方原発訴訟最高裁判決（最一小判1992年10月29日）で出された**専門技術的な判断**の合理性について、より厳格に判断する下級審判決や決定は出ていますが、最高裁はそれらに続いていません。規制委員会の独立性や能力も疑問視されています。**原子力損害賠償紛争解決センター**で東京電力は被害者への賠償を実質的に拒否し続けています。こういった状況は、**生存権**（→本書2部12章）をはじめとした憲法上も明確に保障されたさまざまな人権に対する侵害です。**脱原発基本法**を早期に制定し、立法、行政の両面で抜本的な脱原発政策を遂行し、国会事故調を再開して事実の解明を進め、ADR（裁判外紛争解決手続）でも裁判でももっと妥当な判断を出すようにするべきなのです。

(3) 核をめぐる民主主義的取組み

核エネルギーの利用によって得られる便益はあまりにも小さいものですし、一部の人の経済的自由（→本書2部11章）を不当なかたちで優先して、圧倒的多数の幸福追求権、居住移転の自由、職業選択の自由、生存権、地方自治などの憲法的価値を犠牲にするものでまったくバランスがとれていません。そして現実に、ほかならぬ日本で大事故がすでに起こっているのです。そういうわけですので、核エネルギーの利用は本来するべきではないのですが、それでも利用するとするなら、あるいは、すでに利用してしまっているならば、すべての関係者が参加し、しっかりした**熟議による民主的な手続**（→本書2部3章）を経る必要があります。多くの実例があります。たとえば、デンマークでは、3年にも及ぶ国民的な討議のうえで、1985年に議会で原子力利用の放棄を決議し、その後風力発電の導入に踏み切り、現在では欧州屈指の自然エネルギー国になっていますし、スイスでは国民投票で1990年に原発新設を10年停止し、2017年には段階的脱原発を決めています。国民投票による脱原発・原発利用の放棄はオーストリア（1978年）やイタリア（1987年、2011年）も決めています。日本でも多くの住民運動や住民投票で三重県の芦浜や石川県の珠洲や新潟県の巻など炉数にして20基以上の原発開発計画を止めてきています。2024年1月1日の能登半島地震の際、志賀原発は停止中でなんとか過酷事故にはなりませんでしたが、停止されていたのは、もちろん住民運動があったからでもあります。原子力の問題への対応は、人権保障を民主主義的に実現していくことでもあるのです。

2 エネルギー

(1) エネルギー供給・消費の現状

人間が生きていくためにはエネルギーがいります。具体的には家で生活するだけでも、ものを作って売るためにも、それが農業であれ、製造業であれ、サービス業であれ、燃料として、原料として、動力源としてエネルギーが要ります。当然人や物の移動にも、通信や放送、郵便にもエネルギーがいります。発熱量換算でいうと近年の日本では全体で約1万4千ペタジュール（原油換算で約350百万KL）のエネルギーを**最終エネルギー消費**として消費しています。部門別の割合としては企業・事業所他が全体の62%、家庭部門が15%、運輸部門が23%となっています。

(2) 集中型から分散型へ／大量消費から省エネ・消費削減へ

十分で安全なエネルギーを利用できることは、憲法25条が保障する生存権を実現することのなかに含まれているものと考えられます。厳密には請求権としての権利とはいえないとしても、国民全体が十分なエネルギー利用ができるように政策を遂行する責任が国にあります。しかし、こうした生活は地球上では一部の国々だけに限られており、そうでない国々の人々の数十倍のエネルギーを使って実現しているものです。全体としては漸減傾向にある日本の**エネルギー消費**ですが過剰に消費しており、長期的には**持続可能**なものではありません。また、2011年3月11日の**東日本太平洋沖地震**と**福島第一原発事故**災害や2018年9月7日の北海道での電力のブラックアウト（広範囲大規模停電）でも明らかになったように、大規模集中型のエネルギー供給システムは、非常に脆弱なものでもあります。一層の省エネと効率化を各部門で進めるだけではなく、エネルギー消費自体を減らすことが求められていますし、そのことを組み込んだエネルギー政策を遂行するなかで生存権としてのエネルギー利用を国民に保障しなければならないのです。

3 気候変動

エネルギーの問題と関連し、全世界的な喫緊の課題となっていることが**気候変動問題**です。おもに工業国・先進国が排出する温室効果ガスの影響によって、20世紀後半から、とりわけ1980年代から急速に大気の温度が上昇していますが、このことによって、台風等の巨大化・長期化、南極や北極、グリーンランドの氷床、高山の氷河の喪失、海水面の上昇、海流・深層海流の変化、砂漠化の進行、中緯度帯の夏期の高温の恒常化といった気候・気象の変化が目に見える形ですでに生じており、社会的にも環境的にも重大な影響を及ぼしています。

世界的には2015年の**国連・持続可能な開発目標（SDGs）と国連気候変動枠組み条約締約国会議（COP21）**におけるパリ協定で、具体的な温室効果ガス削減目標も定められ、それに対応して日本でも地球温暖化対策の推進に関する法律（1998年）に加えて、**気候変動適応法**が2018年に制定されています。その後の国連気候変動枠組み条約締約国会議でも、「1.5度目標」や石炭火力の段階的削減などが合意されています（COP26）。しかし、条約締約国であり、工業国として重大な責任をもつはずの日本政府は、石炭火力に固執し、大事故を起こした当事国にもかかわらず原子力の維持に固執し、削減目標も消極的で世界的に失望を招いています。ここでも市民の民主的な取組みによる政策の抜本的な転換が求められているといえます。

読んでほしい本など

・大島堅一『原発のコスト――エネルギー転換への視点』（岩波新書、2011年）

（奥田喜道）

第3章
社会問題と法

8　平和と法

1　人類の理想としての平和思想

平和の希求は人類共通の理想そのものです。たとえば、西洋思想では、「剣を打ちかえて鋤とし、槍を打ちかえて鎌とし、国は国に向かって剣をあげず、もはや戦いのことを学ばない」としたイザヤの預言、「汝の敵を愛せよ」「剣をもって立つ者は剣をもって滅びる」と説いたイエスの教え、あるいは東洋思想においても、一切の生きとし生けるものの殺生を戒めた仏教やジャイナ教の教え、墨子の「非攻論」や「兵は不仁の器」「堅強は死の徒、柔弱は生の徒」「柔弱は剛強に勝つ」と喝破した老子の思想など、古代より様々な**平和思想**がありました。そして、戦争と平和の問題を考える際には、とくに近代以降の戦争の歴史と平和思想が重要だと思われます。

それは、第一に、戦争による被害が、戦場の兵士が殺し合うことにとどまらず、武器・兵器の発達、大量虐殺、非戦闘員の死、人的・物的・経済的資源の総動員などアクチュアルなものとして現れたという点です。

第二に、人権と並んで平和の実現自体が目的として知覚され、そのために、権力の法的制御や民主化、戦争・軍備の統制・制限・禁止といった、戦争を起こす構造への批判という視点が確立し、憲法・条約により、平和実現のための制度化が試みられてきたという点です。

そして、近代の平和思想の白眉というべきものは、**カント**の思想（**『永遠平和のために』**1795年）だと思われます。その内容で特に注目されるのは、**①国内政治体制の民主化、②常備軍の将来的廃止、③国際平和機構**の設立（自由諸国の連邦）と**世界市民法**の確立などです。この思想は、その後の世界に大きな影響を与え続けています。

2　近現代の憲法・国際法による戦争の制限・禁止

近代市民革命を経て、**1791年フランス憲法**第6篇（征服戦争禁止）など、憲法による戦争制限・軍事統制が試みられるようになりました。

また、20世紀には、憲法や国際法において、①**侵略戦争の違法化**、②**戦争権限の民主的統制**、③**良心的兵役拒否の承認**、④**常備軍の制限・廃止**、⑤**国家主権の制限・委譲**などが確立してきています（山内敏弘『平和憲法の理論』日本評論社、1992年）。

注目すべきは、**戦争の違法化**や国際平和機構の設立です。1945年に設立された**国際連合**は、武力行使を原則的に禁止し、侵略等の国際紛争がある場合に、平和的解決を目指し、最終的には経済制裁・武力制裁などにより対処する国際平和機構です（**集団安全保障**）。

また、国家権力を制限することによって国民の権利を保障することが憲法の役割（**立憲主義**）ですので、国民が国家に戦争政策をとらせず、軍事化に歯止めをかけるために、多くの国が憲法に平和条項を置いています（立憲平和主義）。

従来、自国の安全を求めて自国への軍事的脅威を減らすために、軍備を拡大し、また軍事同盟を強化して仮想敵に対抗することが「現実的」とされてきました。しかし、これは相手側も脅威を感じて、同様に軍拡等の対抗措置をとるので、偶発戦争を含む戦争勃発の可能性を高め、かえって双方の安全を低下させてしまうという**「安全保障のジレンマ」**が生じます。特に**核時代**においては、**信頼醸成**を行い、戦争・軍備を必要としない国際社会をいかに創るかが課題です。この点で、**日本国憲法9条**が、**戦争放棄・戦力不保持・交戦権否認**を規定していることは注目されます（→本書2部5章）。

3　戦争から法と裁判による紛争解決へ（法的観点からの平和実現）

ところで、平和と法はいかなる関係を持つのでしょうか。この点を、1920年代に米国で（侵略・自衛・制裁すべての）**「戦争の非合法化（outlawry of war）」**を提唱し、戦争を一般的に違法化する「戦争放棄に関する条約（**不戦条約**）」の成立（1928年）に直接的な影響を与えた「戦争非合法化」論（S. レヴィンソン、J. デューイら）

を参照しながら考えてみたいと思います。法の観点から平和実現を目指す場合の彼らの方法論・強調点は次のとおりです。

第一に、法は、主として人の内面ではなく外的行為を規律するものですから、戦争廃絶実現のために人々の内面・物の考え方からまず先に変えなければならないという方法論はとらないということです。

第二に、人間の本質が性善か性悪か、闘争本能が制御できるかどうかにかかわらず、あくまでも戦争という**「制度」**をいかにして廃止するかということを優先するということです。彼らの立論は、戦争は「制度（institution）」であり、その合法性（法的正統性）を剥奪することにより廃止を目指すというものです。

なお、この二点は、平和思想や教育等の意義を軽視するものではなく、ある制度の廃絶を目指す際の優先順位の置き方の違いにとどまります。戦争違法化は、紛争の原因除去・根本的解決や経済的不公平の是正等に対して、それを阻害するどころか、むしろその条件整備に資するし、また平和教育にもよりよい影響を及ぼすとしています。

さらに、彼らは、世の中で紛争（もめごと）が話し合いでも解決のつかない場合の**「紛争の最終的な解決法」**は、**武力**によるか、**法**によるかの二つであると考えました。国内で紛争を武力で解決する例として、**決闘**や**自力救済**がありますが、この制度を廃絶するのに人類が用いた方法は、それを制限・ルール化するのではなく、その制度を端的に違法化し、またそれに替えて**法と裁判**で解決するということでした。その結果、決闘はほぼ絶滅し、人々は裁判所で解決するようになりました。この思考法を国際社会に当てはめるならば、武力による紛争解決法である戦争を廃絶するには、それをすべて違法化し、また国際紛争を国際法と国際裁判所によって解決できる法制度を整備することが必要かつ有益と考えたわけです。

彼らは、実験主義的プラグマティズムの立場から、理論の完全性を抽象的・自己完結的に追求するよりも、結果として相対的に有意義な効果が得られそうなことはまずは実践してみるべきであり、問題があればその都度フィードバックして再検討すべきこと、理論は絶えず実践・行動を通して現実の中で検証されなければならないことを提唱しました。また、過去の事例に照らして、「戦争は決してなくならないだろう」とそれをなくす努力もしないうちからあきらめて現状追従に堕すような「経験主義」的な態度ではなく、あえて試みてみる価値があると主体的・長期的・段階的な視座から努力することが必要であると主張しました。

この考え方を参照するならば、国際法や憲法による侵略・自衛・制裁の別を問わないあらゆる戦争・武力行使の違法化、平和のための国際法典整備、強制的裁判管轄権を具備した国際司法裁判所による紛争解決制度の整備等が今日的な論点となりうると思われます。

4 人権としての平和

さらに、法的な権利として平和を考えることも重要です。この点では、**日本国憲法**は、**前文２段**で全世界の国民の**「平和的生存権」**を規定しています（→本書2部5章）。これは、**「人権としての平和」**を法的に保障しようとするものです。それは、たとえ議会における民主的手続きを踏んだ多数決による合意によってさえも侵されない平和の確立が必要ということで、裏返して言えば、政府による国民の平和的生存を侵害する政策やそれに関連する法律・予算等は違憲ゆえに法的に無効とされるべきであるということを意味します。もし、この観点に立つならば、平和は、政府のとった平和政策の反射的利益ではなく、また、多数決によって決定される「政策」としての平和でもなく、多数決による民主的な合意をも覆しうる「切り札」である人権としての法的意義を持つでしょう。平和はあらゆる人権保障が成り立つための基礎的条件です。この「人権としての平和」を憲法や国際法において確立することの意義は大きいと思われます。

その意味では、2016年に国連総会で**「平和への権利宣言」**が成立したことは、「人権としての平和」が国際的に確立するための一歩として注目されます。今や平和はただの理念・理想にとどまらず、法的権利・人権と考えられる時代が到来しつつあると言いうるかもしれません。

読んでほしい本など

- 古川純＝山内敏弘『戦争と平和』（岩波書店、1993年）
- 山内敏弘『平和憲法の理論』（日本評論社、1992年）
- 河上暁弘『日本国憲法第９条成立の思想的淵源の研究――「戦争非合法化」論と日本国憲法の平和主義』（専修大学出版局、2006年）

（河上暁弘）

第3章
社会問題と法

9 沖縄の自治と米軍基地

1 辺野古新基地建設問題は「沖縄問題」ではない

作家の山崎豊子は、小説『運命の人』で、「沖縄のことを知れば知るほどこの国の歪（ひず）みが見えてくる」、と書きました。現在も、国土面積のわずか0.6% しかない沖縄県に約70%の米軍専用施設が集中しています。しかし、沖縄以外では、近年の**辺野古新基地建設**の強行問題を含めて、沖縄で起きている問題を、「沖縄問題」（沖縄だけの問題）として、どこか他人事と見る空気がないでしょうか。また、沖縄で起きる諸問題の背景にあるいわゆる**日米地位協定**についても十分な知識があるでしょうか。実は、米軍基地の新設、返還、米軍人の起こす犯罪、事件、事故、こうした問題のすべてに関わっているのが同協定です。**「全土基地方式」**を採用しているため、同協定も、それを正当化している法理論も、実は、沖縄だけではなく全国どこでも共通して適用されうるものであることも理解しておく必要があるでしょう。「辺野古訴訟は『沖縄問題』じゃない」（辻山幸宣『自治年々刻々』公人社、2018年。初出は『自治日報』2016年3月11日）のです。まさに、日本における地方自治と平和そのものが問われる問題と思われます。

2 沖縄苦難の歴史―「琉球処分」の繰り返し

かつて独立国であった**琉球王国**は、1609年に、薩摩の侵攻を受け、自治権が制限された後、1879年には、日本の強制的な廃藩置県に組み入れられて、自治権が剥奪され、沖縄県となりました（**琉球処分**）。さらに、アジア・太平洋戦争中の1945年には、日本国内ではほとんど唯一の地上戦である**沖縄戦**があり、人口の4分の1～3分の1に当たる15万人の住民が亡くなりましたが、これも本土決戦までの時間稼ぎとして**「捨て石」**とされたのが実情でした。さらに、第二次大戦中の和平交渉案においても、**近衛文麿**らは、和平条件として、「やむを得ない場合には領土は固有本土をもって満足する」(「和平交渉の要綱」) としつつ、「固有本土の解釈については、最下限沖縄、小笠原島、樺太を捨て、千島は南半分を保有する程度とすること」(「解説」) としていました (1945年7月)。また、戦後、昭和天皇が、天皇制と自己の地位を戦争責任追及・退位論等から守るために、米国による琉球諸島の軍事占領の継続を望むという提案を行っていたことも重大な問題です (昭和天皇の**「沖縄メッセージ」**1947年9月19日等)。

その後、1952年の**サンフランシスコ講和条約**発効時には、日本は独立を回復したものの、沖縄は日本から切り離され米国の統治下に入りました。同条約3条は、「日本国は、……琉球諸島……を合衆国を唯一の施政権者とする信託統治制度の下におくこととする国際連合に対する合衆国のいかなる提案にも同意する。このような提案が行われ且つ可決されるまで、合衆国は、領水を含むこれらの諸島の領域及び住民に対して、行政、立法及び司法上の権力の全部及び一部を行使する権利を有するものとする」と規定していますが、信託統治制度下に置くことはもともとほぼ不可能でした (軍事基地を置くことができる戦略地区にするには安保理の承認が必要であり、ソ連等が反対すると承認されない)。だから、米国は信託統治の提案を行わなかったため、沖縄の「行政、立法及び司法上の権力」を米国が掌握し続けることになりました。沖縄にとって、講和条約発効の日である1952年4月28日は**「屈辱の日」**だったのです。その後、1972年には、沖縄は**「本土復帰」**したものの「平和憲法への復帰」・「本土並み」どころか現在まで米軍基地の重圧は継続しています。

3　沖縄での戦後米軍基地形成の歴史

沖縄における米軍用地の接収は、沖縄戦が終了して、生き残った住民が収容所に入れられていた時点から始まっていました。否むしろ、「収容所以外はすべて米軍用地で、米軍が必要としなくなった土地が住民に開放された」(新崎盛暉「米軍用地強制使用と代理署名」『世界』1995年12月号) とさえいうべき状況でした。さらに1953年には米国民政府により**「土地収用令」**が出され、軍用地の強制収用手続が定められました。同府令では、接収された土地の補償額についてのみ米国民政府民政副長官に訴えることができたものの、土地収用の是非については争うことができないというもので、この布令に基づき、**「銃剣とブルドーザーによる土地接収」**が行われました。

その後、1972年5月15日に、**沖縄返還**を迎えます。米軍基地は法的根拠がないまま、沖縄戦直後に囲い込まれたり、違法としか思えない布告、布令をたてに強奪されたものの集積から成り立ち、沖縄返還時に返還される筋合いのものと思われるものでした。しかし、同年同日、「沖縄における公用地等の暫定使用に関する法律（**公用地法**）」が施行され、軍用地料を引き上げるかわりに、地主が契約を拒否しても、契約者の意思にかかわらず、これまで公用地等として使われてきた用地は米軍が5年間継続使用できるようにしました。同法は、当時より、①国の一方的、強制的な土地または工作物の使用権原の取得が可能なこと、②5年間という長期にわたる使用が可能なこと（土地収用法による通常の使用ならば6カ月）、③土地等の暫定使用にあたって、所有者ごとに土地の所在、種類及び数量などを通知することが本来必要なのに、単に当該土地の区域のみを通知することで処理すること、④同法が沖縄県に対する**地方特別法**（憲法95条）に当たるとすれば、住民投票による承認がないと当該法律を制定することはできないはずであることなどが批判されました（琉球政府「公用地暫定使用法に対する意見書」1971年12月）。

さらに、その後、地主が契約を拒否しても、米軍の継続使用が続いていきました（**地籍明確化法、米軍用地特別措置法**による継続使用）。

4　転換点としての1995年と現在の自治・尊厳をめぐる沖縄の闘い

1995年9月4日、沖縄県に駐留する米海兵隊員3人が基地内で借りたレンタカーでドライブ中に商店街にいた12歳の女子小学生を車に押しんで拉致し、粘着テープで顔を覆い手足を縛り、集団強姦するといった、計画的な逮捕監禁・強姦致傷事件が発生しました。しかし、日米地位協定第17条第5項（C）では、日本側が起訴しなければ、米国側は被疑者の身柄を引き渡さなくともよいと定められているため、沖縄県警は当初犯人を逮捕できませんでした。また、マッキー米太平洋軍司令官が「車を借りる金で女を買うこともできたのだから3人はバカだ」と発言し、即日辞任に追い込まれたことも付記しておきます。この事件を契機に、全県的に満腔の怒りの声が沸き起こりました。重すぎる沖縄の基地負担や米兵犯罪に警察権等が及ばないなど、あまりに不平等な日米地位協定の問題点も改めて浮かび上がりました。そして、この怒りの運動は、**日米地位協定の見直し**、**米軍基地の整理・縮小**、さらには**撤廃運動**にまで発展しました。この県民の声を受けて、当時の**大田昌秀知事**は、軍用地の継続使用手続に必要な土地物件調書への**代理署名**を拒否して、日本政府との間で訴訟も提起されました。その際、もしそこまで日米安保条約に基づく米軍基地が必要ならば、全国共通に引き受ければいいのに沖縄に基地が集中する現状は沖縄への**構造的差別**ではないかという問題提起も行われました。

この状況を日米安保体制の根幹が揺るぎかねない問題と判断した日米政府により**普天間基地**の返還も提案されました。しかし、同基地の閉鎖でもよいところ、日米政府は、代替基地が必要として、国外・県外移設でなく、沖縄県内の辺野古を代替基地予定地としました。その後、大田知事の次の仲井眞弘多知事は、日本政府の圧力もあり、2013年、沖縄防衛局に辺野古沿岸の埋め立ての承認を行いましたが、翌年、それを批判する**翁長雄志**が新たに知事になりました。翁長知事は、**「イデオロギーよりアイデンティティ」**や「誇りある豊かさ」というスローガンを掲げ、**「オール沖縄」**で結束することを提唱してきましたが、2015年に、**埋め立ての承認の取消**を行ったことにより、日本政府との訴訟にもなり、新たな段階を迎えました（翁長知事死後、後継として玉城デニー知事が誕生し、軟弱地盤改良工事の設計変更の是非も争われました）。この問題は、米軍基地だけではなく、沖縄の自治と尊厳に関わる問題です。また、沖縄の人々は、力と金があれば何でもできるとする政治と闘っているとともに、「本土」の人々の＜無関心＞とも闘っているようにも思われます。

読んでほしい本など

・沖縄県編『沖縄苦難の現代史』（岩波書店、1996年）

・前泊博盛編著『本当は憲法より大切な「日米地位協定入門」』（創元社、2013年）

・本多滝夫編『Q&A　辺野古から問う日本の地方自治』（自治体研究社、2016年）

（河上暁弘）

第3章
社会問題と法

10 市民運動の規制・弾圧

1 表現の自由をおびやかす近年の事件

憲法21条は**表現の自由**を保障するとともに（1項）、検閲を禁止していますが（2項）、近年では公権力がそれらを侵害するような事件が立て続けに起きてきました。たとえば、選挙期間中に政権批判の声を出そうとした市民に対する北海道警察（以下「道警」）の規制問題、国際芸術祭「あいちトリエンナーレ2019」の企画展「表現の不自由展・その後」の中止を求めた河村たかし名古屋市長の発言や同芸術祭への補助金交付を決定しないことを匂わした菅義偉官房長官（当時）の発言問題（2019年9月26日、文化庁は補助金全額不交付決定）などです。

以下では、2019年の道警による市民の排除事件とそれに対する国家賠償訴訟に着目しながら、本件を含む同様の事件が**民主的な社会**の構築に与える負の影響について考えていきます。

2 道警による市民の排除事件

参議院選挙期間中の2019年7月15日、安倍晋三首相（当時）が札幌駅前で街頭演説をしている最中に、道警が政権に批判的な声を出した市民を排除する事件が起きました。ここだけでなく、市内の別の3か所でも政権に批判的な声を出したり、プラカードを出したりして排除された市民がいました。

公職選挙法（1950年）225条2号は、演説の妨害などの選挙の自由妨害罪を規定しています。本件の市民は、たとえば拡声器を用いて演説が聞こえなくなるほどの大音量で声を出したわけではないため、選挙の自由妨害罪を構成する行為はしていません。そうであるからこそ、下記の国家賠償訴訟においても、この点は何ら焦点化されていません。

2019年、本件で排除された市民のうち2人が、道警を所管する北海道を相手に国家賠償訴訟を提起しました。道警による排除は、市民の表現の自由を侵害する行為であったと考えたからです。

2022年3月、札幌地裁は①警察官職務執行法（1948年）4条1項が警察官に認める避難措置の対象となる身体や生命に危険がおよぶ状態がなかったこと、また②同法5条が犯罪予防を目的に警察官に認めている制止を必要とするような犯罪が行われようとしていたわけではなかったことを理由に、被告の違法性を認めました。また、被告から、選挙活動の自由や聴衆の街頭演説を聞く自由の侵害にあたるという主張も出されていないことなどにも鑑みて、被告の行為が原告の表現の自由を侵害するものであったことも認めました（全面勝訴）。しかし、2023年6月の札幌高裁判決は、原告の1人には被告の行為の違法性を認めましたが、もう1人には認めず1審判決を取り消しました。

3　民主的な社会を維持するために

公権力による市民活動への介入・規制の一つひとつが、民主的な社会を揺るがし、自由にものがいえない社会を形成する要素になります（→本書2部3章・10章）。その積み重ねが結果的に、民主主義の完全な破壊と**独裁国家**の誕生につながりかねません。それを防ぐためには、①日頃から一人ひとりの市民が、公権力が政権や政策に批判的な市民の声を規制・封殺する動きをしていないかどうかを監視し、②そうした動きが見えるときには異を唱えることが必要です。加えて、国民の代表機関である国会（憲法43条1項）で、公権力が市民活動を不当に規制しうる立法がなされようとしていないかどうかも監視し、そうであるときは反対の声を出すことが求められるでしょう。

読んでほしい本など

- 北海道放送報道部道警ヤジ排除問題取材班『ヤジと民主主義』（ころから、2022年）
- 映画『ヤジと民主主義 劇場拡大版』（HBC 北海道放送、2023年）

（清末愛砂）

第3章
社会問題と法

11 ネットと民主主義

1 個人情報・AI・インターネットについて

表現の自由は憲法上の権利・自由でも「優越的地位」を占めるとされ、その規制は慎重でなければならないとされます。しかし「インターネット、とりわけSNS上の表現を放置した場合、民主政が機能不全に陥る可能性があるのだとすれば、国家には一定の対応が求められる」と指摘されています（曽我部真裕「インターネット上の情報流通と民主政」法学セミナー788号〔2020年〕76頁）。

2 「プロファイリング」と「マイクロターゲティング」

個人情報をAIに分析させ、個人の趣味嗜好、職業適性、内定辞退予測率などを自動的に予測・分析する手法が「プロファイリング」と呼ばれます。リクルート社は2018年度に対象企業に応募した学生のリクナビ上の行動履歴などを分析した上、2019年度の学生の行動履歴と照合することで内定辞退率を予測していました。そして、この予測情報を学生に十分な説明もせずに企業に販売していました（いわゆる「リクナビ事件」）。みなさんはこうしたことをされたら納得できますか？　この事件は当然、大問題となり、個人情報保護法が改正されました。

性別や年齢に加え、何に「いいね」を押したか、何を閲覧していたかをAIが分析することで、本人以上に本人の性格や好みを把握できる「プロファイリング」が行われます。そして、プロファイリングに基づき、効果的な宣伝を送る手法が「マイクロターゲティング」と言われます。

政治に関して「マイクロターゲティング」が問題となったのは、2016年のアメリカ大統領選挙です。この選挙でケンブリッジ・アナリティカ社は、フェイスブックが保有する8,700万人分の個人情報を不正に入手、AIに分析させ、有権者を「プロファイリング」しました。そして「プロファイリング」に基づいて「広告」を送り、有権者の意識を本人も気がつかないうちに変える手法がとられました。

3 「フィルターバブル」と「エコーチェンバー」

人々はプロファイリング技術によって、自分の好みのニュースが自動的に選別され、フィード上に「おすすめ」されます。このような「泡」に囲まれて自分の周囲しか見えなくなる状況は、「フィルターバブル」と呼ばれています。「フィルターバブル」により、自分の関心とは異なる情報に触れにくくなり、他の意見が存在することに気付かなくなる可能性が危惧されています。

また、オンライン上で自分の意見と似たような意見が反響する「エコーチェンバー」に閉じ込められ、徐々に考え方を先鋭化・過激化させる集団分極化を引き起こしやすいと指摘されています。

「フィルターバブル」や「エコーチェンバー」の結果、同じような意見だけに囲まれて異なる意見を受け入れられなくなり、政治的対立と分断が深まる危険性が指摘されています。

4 「ネットと民主主義」と憲法

以上、「ネットと民主主義」の問題を紹介しました。「自分が決めている」ように思っていても、「プロファイリング」や「マイクロターゲティング」により、本人も気がつかないうちに本人の意識が変えられる危険性があります。これでは「自己決定権」（憲法13条）、そして自己決定権に基づく「民主政」が適切に実現されたとは言えません。違法・不適切な「プロファイリング」をさせないためにも「個人情報」の適切な保護が必要です。また、悪質なデマも問題となっています（日本での極めて悪質なものとして、たとえばDAPPI事件）。民主政を健全に作用させるためには、「悪質なデマ」への対策も必要です。

読んでほしい本など

・2022年4月衆議院憲法審査会事務局『衆憲資第100号「国民投票運動のための広告放送」等に関する資料』https://www.shugiin.go.jp/internet/itdb_kenpou.nsf/html/kenpou/shukenshi100.pdf/$File/shukenshi100.pdf

（飯島滋明）

第3章
社会問題と法

12 教育と法

1 教育とは何か（教育の本質と固有の条理）

教育とは、当事者である子どもたち一人ひとりの持つかけがえのない個性と能力を将来にわたって十分に開花させることを助成し、また、これまで受け継がれてきた人類の知恵・叡智を次世代の批判にさらしつつ文化の継承・発展を目指す営みです。その意味で、教育は主として子どもたち自身のためのものであり、新しい世代の人たちのためのものです（さらに生涯学習・生涯教育等の視点も重要です）。教育・学習の主体として中心となる子どもたちを決して大人たちの都合で振り回すものであってはなりませんし、また、国家による支配に都合のよい「良き国民（臣民）」を作り出すためのものであってもなりません。そうした管理・詰め込み・強制教育は、**「教化（indoctrination）」**であって、教育ではなく、たちの悪いマインド・コントロールとさえ言いうるものでしょう。

しかし、現在、いじめ、不登校、管理教育、偏差値教育など、教育をめぐる諸問題が指摘されています。学校は、自由な学び舎ではなく、「競争」と「選別」の場となり、子どもたちの心の傷は深くなっています。

他方、教師たちも悩みは深いようです。児童・生徒たちと向き合うよりも、行政権力を通じて出される命令に束縛され、管理され、自由が失われ、ひとつの機械の歯車のようになっていく。こんな状況が続くようでは、子どもたちや親・保護者たちの信頼を得て、学びの楽しさを伝えることができる教師も学校も生まれようはずもありません。ここで重要な視点は、学習や教育を人権としてとらえることです。また、教育と法をめぐる問題を考察するには、憲法、法律（行政法）をただ教育という分野に適用するという発想ではなく、むしろ教育の本質の視点から憲法や法律の規定をとらえ返してみるという視点も必要だと思います（堀尾輝久『教育を拓く』青木書店、2005年）。

2　学習権と教育への権利

そもそも人間にとって学習や教育はどんな意味をもつのでしょうか。人間は一生にわたり自らを取り囲む環境の下で文化と接触し、「まなび」（学習）を通じて発展・成長して行きます。学習は、人間にとって基本的な知的探求活動そのものです。それなしには人生は無味乾燥なものとなり、人類の進歩もないでしょう。そして、学習は、人間の本質に関わる権利でもあります（**「学習権」**）。学習権が十分に保障されないと、表現の自由などの他の人権を十分に行使する能力が育めないことになり、主権者としての権利を行使することができず、国民主権も空洞化します。学習権は主権者として重要な権利という側面を持ちます（「市民（主権者）の学習権」）。

さらに、子どもにとって学習権は特に重要です。子どもは、未成熟な存在ですが、それは大人との関係において未完成であるというよりも、**「発達の可能態」**（堀尾輝久）と位置づけられるべきであって、各人が未来における無限の可能性をもつ存在であることを本質とします。そのため、将来においてその人間性を十分に開花させるべく学習し、事物を知り、これによって自らを成長させることが子どもの生来的権利そのものです（「子どもの学習権」）。しかし子どもは自らだけで自己完結的に学習をするということは著しく困難ですので、必然的に、教育に関する権利が要求されることになります（**「教育への権利（right to education）」**）。

3　国家と教育

教育は、真理探究・知的探求の権利が充たされ、一人ひとりの全面発達の権利が充足されるためのものです。そのため、ある特定の国家的、宗教的、人種的、階級的、ないしは経済的イデオロギーに基づいて子どもが教育されるようなことがあってはなりません。学問の自由が尊重され、最先端の学問研究の成果が教育に反映されることが望ましく、また、科学と真実に基づく教育（**「真理教育」**：真理を探究する教育）が行われる必要があります。この際、国家による教育内容への介入が行われると教育が歪みます。日本では、教科書検定や日の丸・君が代の強制など国家の教育内容への介入が常態化していますが、それは教育を「教化」に貶めることになりかねません。それは教科書執筆者（研究者）や教師の専門家としての権利・権限を侵害しますが、何よりも、教育が歪められることによって、子どもの真理・真実を知る権利、学習権、教育への権利を侵害することが最大の問題です。

子どもの学習権の保障のため、教育の責務の担い手は、親をはじめとする国民全体であり、国はこの教育の責務の遂行を助成するための条件・制度を整備する責任を負うけれども、**教育の内的事項**（**教育内容**）に介入することは基本的に許されず、本来は、親と子、教師と生徒等の人間的ふれあいを通じて実現される性質のものです。教育内容については、学問、文化に関わるので、国家は介入すべきでなく、基本的に、**自由権**の領域の問題と解されます。この点については、教科書検定制度や学習指導要領による教育内容への介入が問題となってきました。

これに対して、**教育の外的事項**（**教育条件の整備**）については、**社会権**の領域に属する問題です。教育の機会はひとしく誰にでも与えられるべきであり、国・自治体には、教育制度を確立・維持し、教育条件を整備する責務があります。そのための制度として、義務教育の無償化（憲法26条2項）や奨学制度（教育基本法4条3項）などがあります。

このように、教育の内的事項と外的事項を区別して論じる視角が重要です（→本書2部13章）。

4 教育の自由と教師の権限・責任

教育の責務を担うのは、第一次的には、まず親・保護者です。しかし、各人が育った家庭・地域等とは異なる多様な見方に触れ、専門性の裏づけを伴った最善の教育を受ける権利も保障される必要があります。そこで学校（公教育）の役割が重要です。教師は、専門家として、親をはじめとした国民の付託を受けて現場を担うという権限と責任を有する存在と位置づけられます。ただし、この責任と権限は、**「専門家」**としてのものであり、あくまでも子どもたちの学習権を保障するためのものです。「教育の自由」とは、教師が好き勝手に教育をしてよいということではありません（教師の「教育権」・「教育の自由」ではなく**「権限と責任」**）。そして、教育は国家権力の政治的介入から独立している必要があります（freedom）。さらに、学校という公共空間が、教師の恣意的支配ではなく、児童・生徒と教師の信頼関係によって創り出される自由な雰囲気が満ちている必要があります（liberty）。この2つの自由に基づく**「教育の自由」**の保障が必要です。

子どもの学ぶ権利を保障するためには、教師は**「教科の専門家」**として、歴史の教師ならば歴史学の成果を学ばなくてはならないと同時に、それをどうやったらわかりやすく子どもたちに伝えられるかということを含めて、**「子どもの専門家」**として、教育学の成果にも学ばなくてはなりません。また、**自主的な研鑽・研修の自由**も十分に保障されなければなりません。教師の「自由」なるものはこうした**専門性に基づく研究、研修、研鑽、教授の自由・自治・責務**を意味するものです。

教師は（初等・中等・高等教育いずれにおいても）不断の探求と研鑽を続けながら真理・真実を希求し、自らの担当する教科を研究し、またその背景にある学問や文化のありようを学界の成果から十分に学び研究することが求められます。さらに、教師は子どもの発達の段階を学び、その段階にふさわしい教育のあり方、教える順次性、わかりやすくしかも学ぶ感動を子どもたちが感じられるような授業の展開の仕方などを研究し、さらに、教育実践の現場では常に一人ひとりの子どもの違い（一人ひとりの個性・性格・能力等の違いはもちろん、日々刻々と変わる子ども一人ひとりの変化、その日の精神的・肉体的状況の違いなど）に敏感に気づき、適切に対処できる人間的な感性、感受性を持ち、また授業などの実践を通じて、人間的な接触、コミュニケーションをきめ細やかに行えるような人間的な力量が求められるという意味において、責務として、非常に高度な専門性が求められるのです。

読んでほしい本など

・堀尾輝久『人権としての教育』（岩波書店、2019年）
・堀尾輝久『日本の教育』（東京大学出版会、1994年）
・日本教育法学会編『教育法の現代的争点』（法律文化社、2014年）

（河上暁弘）

第3章
社会問題と法

13 感染症対策と法

1 感染症対策の重要性と難しさ

2019年12月に中国で初めて感染者が確認された**新型コロナウイルス**（以下「新型コロナ」）は、人の移動のグローバル化を背景に、またたく間に**パンデミック**（世界的大流行）をもたらしました。日本もその例外ではなく、新型コロナは変異を繰り返しながら、多数の感染者や死者、後遺症に苦しむ人々を生み出し、今もその被害は続いています。新型コロナは、感染症の恐ろしさを如実に示しました。

人々の生命や健康を守るために、**公衆衛生の維持・増進**を図ることは、国の基本的な責務です（憲法25条2項）。そして、公衆衛生学がコレラやペストなどの感染症対策を通じて発展してきたことからもうかがえるように、感染症対策は公衆衛生の中心的な課題の1つです。感染症対策が他の疾病対策と大きく異なる点は、感染者やその家族に対する人権侵害が生じやすいこと、そして感染症対策が私たちの社会活動全般に大きな影響を及ぼす点です。とりわけ、効果的な感染症対策を講じようとすればするほど、**移動の自由や営業の自由**などのさまざまな**人権の広範な制約**につながり、本来対応すべき健康リスクとは別の新たなリスクを生み出してしまいます。ここに感染症対策の難しさがあります。

2 感染症対策の法的枠組み

感染症対策の基本法といえるのが**「感染症の予防及び感染症の患者に対する医療に関する法律」**（1998年）（以下「感染症法」）ですが、これは主に国内で感染症が流行した場合の対応策を定めるもので、新型コロナのように、外国で感染症が発生した場合は、**水際対策**として、**「検疫法」**（1951年）や**「出入国管理及び難民認定法」**（1951年）にもとづいて、まず検疫や入国制限などが行われます。

感染症法は、多様な感染症を分類し、感染症の予防に必要な事項や**感染症患者の就業制限・入院措置**などを定めていますが、新型コロナ対策の実効性を高めることを目的として、2021年２月の改正で、正当な理由なく入院勧告に応じなかったり、入院先から逃げたりした場合には50万円以下の過料（80条）、保健所の疫学調査への協力に応じない場合にも30万円の過料を科すことが可能とされました（81条）。

さらに、大部分の国民が免疫を獲得していない新型インフルエンザ等の感染症に対しては、**「新型インフルエンザ等対策特別措置法」**（2012年）（以下「特措法」）にもとづく強力な対策を行うことができ、新型コロナ禍では特措法にもとづく初の**緊急事態宣言**の発令などの対応が行われました。特措法では、緊急事態宣言発令前でも、都道府県知事が公私の団体や個人に対して感染症対策の実施に必要な協力の要請を行うことができますが（24条９項）、新型インフルエンザ等の全国的かつ急速なまん延により、国民生活や経済に甚大な影響を及ぼすおそれがある場合には、内閣総理大臣が緊急事態宣言を発令でき（32条）、対象地域の都道府県知事は、住民に対して、生活の維持に必要な場合を除く外出の自粛や、学校・社会福祉施設・興行場その他多数の者が利用する施設の管理者やイベント開催者に対して、施設の使用の制限や停止等を要請できます（45条）。緊急事態宣言下での飲食店等に対する**休業要請・営業時間短縮（時短）要請**は、これにもとづくものです。さらに、緊急事態宣言下では、臨時の医療施設を開設するための土地の強制使用、医薬品・食品等の売渡し要請や保管命令なども可能です（49条・55条）。特措法は2021年2月に改正され、特定の地域で感染者が急増している場合に、緊急事態宣言に至る前に全国的かつ急速なまん延を防止するため、地域や期間を絞った集中的な対策を可能とする**まん延防止等重点措置**が新設されました（31条の４）。ただし、事業者に対する休業要請はできないなど、緊急事態宣言とは異なる点があります。

	緊急事態宣言	まん延防止等重点措置
対象地域	都道府県単位	市区町村単位（知事指定）
期間	２年以内（１年以内で延長可）	６カ月以内（延長可）
時短や休業対応	時短・休業ともに要請と命令が可能	時短のみ要請と命令が可能（休業要請は不可）
命令違反の罰則	30万円以下の過料	20万円以下の過料
根拠条文	特措法32条・45条	特措法31条の４・31条の６

3 日本の新型コロナ対応の特徴と感染症対策の原点

日本は、新型コロナ対応において、欧米諸国のようなロックダウン（都市封鎖）は実施せず、基本的に強制ではなく自粛を要請するという「穏健型」の手法で人々に行動変容を求めました（特措法の改正により、要請に従わない場合に出される命令違反に対する罰則規定が設けられましたが、まずは自粛を求めるという点で基本的な考え方は変わっていません）。実際、多くの一般市民や飲食店などが自粛要請に従いましたが、その背景には、日本社会に根付いている同調圧力の強さがあると考えられます。特に2020年の４月に発令された最初の緊急事態宣言下では、自粛要請に従わない者に対して、誹謗中傷や嫌がらせなどの私的制裁を加える自粛警察と呼ばれる行為が頻発しました。自粛要請は、強制ではなく国民の協力に期待するというソフトな手法として、国民にとっては受け入れやすい側面がある一方で、公権力の責任をあいまいにして、私的制裁を誘発し、諸事情から要請に従うことが困難な少数者（たとえば、健康上の理由からマスクの着用やワクチン接種ができない人）に対する差別や偏見を助長しかねない問題があることに注意が必要です。

感染症には、目に見えない、不安やデマが広がりやすい、過剰反応・排外主義・コミュニティの分断が起こりやすいといった特質があります。現代では、特にSNSによる情報の拡散が容易に行われ、それらは容易に消すことができません。さらに、かつて日本では、感染力が非常に弱いにもかかわらず、国がハンセン病患者を強制的に隔離し、治療法が確立した後も漫然とそれを続け、患者やその家族に対する差別や偏見を助長してきた歴史があります（→本書1部３章５）。感染症法は、これを教訓として今後に生かす必要があると明記し（前文）、感染症の患者等の人権を尊重すること（2条）、国民が感染症に関する正しい知識をもつこと（４条）、就業制限・入院措置などを必要最小限度にすること（22条）などを定めています。これらは、日本での感染症対策の原点として、常に立ち返る必要があります。

4 感染症対策に伴う憲法問題

上記のように、感染症対策は、憲法で保障されたさまざまな人権を制約することにつながります。たとえば、感染症患者の入院措置や国民に対する外出自粛要請は、居住移転の自由（22条１項）の制約、多人数による施設利用の制限は、集会の自由（21条）や信教の自由（20条）の制約、事業者に対する休業要請・時短要請は、営業の自由（22条・29条）の制約となります。さらに、このような自由権の制約だけでなく、社会権の制約の問題も生じます。たとえば、休業要請・時短要請などに起因する生活困窮者や失業者の増加などは、生存権（25条）や勤労権（27条）にかかわりますし（→本書２部12章）、学校の休校措置や授業のオンライン化などは、教育を受ける権利（26条）にかかわります。また、休業・時短要請に応じる事業者への協力金等の支給の公平性（事業規模による支給額の違いや対象となる事業者の範囲など）は、法の下の平等（14条）にかかわります。憲法上の人権の制約は常に違憲となるわけではなく、生命や健康を守るためにも感染症対策は必要かつ重要ですが、感染症対策の決定・実施にあたっては、感染症のリスクを過大に評価することなく、それにより制約される人権の内容や重要性、制約の程度などを慎重に判断し、人権の制約が必要最小限度となるようにしなければなりません。

この点で、東京都がレストラン事業を行っているグローバルダイニング社に出した時短命令を違法と判断した東京地裁判決（東京地判2022年５月16日）が注目されます。この事件で同社は時短命令を出せる特措法の規制が営業の自由を侵害するなどとして争いました。東京地裁は、特措法の当該規制はその目的に照らして不合理な手段とはいえないとして違憲性は認めませんでしたが、特措法で命令が出せるのは「特に必要があると認めるとき」（45条３項）に限られており、不利益処分を科してもやむを得ないといえる程度の個別の事情が必要であると指摘しました。そして、同社が感染対策を実施していたことや、都が対策の実情を確認しておらず同社が感染リスクを高めていた根拠がなかったこと、命令時点では新規感染者が減少しており、３日後には緊急事態宣言の解除も決まっていたことなどの事情をあげ、同社への命令は特に必要とはいえず、違法と判断したのです（損害賠償については都に過失はなかったとして棄却し、同社が控訴しましたが、その後、控訴は取り下げられ、判決は確定しました）。この判決は、緊急事態宣言下での命令の発出にあたり特措法の要件に即した慎重な個別的判断を行政に求めるもので、重要な意味をもちます。

読んでほしい本など

- 大林啓吾編『感染症と憲法』（青林書院、2021年）
- 笠木映里ほか編『法律時報増刊　新型コロナウイルスと法学』（日本評論社、2022年）

（青野　篤）

第3章 社会問題と法

14 憲法改正問題

1 憲法改正をめぐる主張

2017年5月3日、安倍晋三首相は自衛隊を憲法に明記する憲法改正の必要性を主張しました。自民党は2012年に**「自民党憲法改正草案」**を、さらに2018年3月、自民党は**改憲４項目**（「自衛隊明記の憲法改正」「緊急事態条項の導入」「教育の無償化」〔充実化〕、「合区解消」）**の「たたき台素案」**を決定しています。

2 自衛隊明記の憲法改正

安倍首相は、自衛隊はいざとなれば命を懸けて国を守るにもかかわらず、「憲法違反」と言われるのでは申し訳ない、だからこそ自衛隊を憲法に明記する憲法改正が必要だと発言しました。自衛隊を憲法に明記しても、いまの自衛隊を認めるだけであり、何も変わらないとも発言しています。一方、改正には多くの批判がむけられています（→本書2部5章）。2015年9月、世界中での武力行使を可能にする**「安保法制」**が制定されました。「いまの自衛隊」を憲法に明記するということは、この安保法制を憲法的にも認めることになります。その結果、世界中での武力行使が自衛隊の憲法上の役割になるのを私たちが認めることになります。

さらに「徴兵制」や**民間人の戦地派遣**も憲法的にも可能になると批判されます。いままで政府は「徴兵制」は憲法18条違反との立場でした。しかし自衛隊が憲法に明記されれば、「憲法上の組織である自衛隊の維持は政府の責任」と主張して、「徴兵制」をとることが憲法違反と言えなくなる可能性があります。「憲法上の組織である自衛隊の円滑な行動を確保することは政府の責務」と主張して、海外で戦う自衛隊の医療のために医師や看護師、薬剤師、基地建設などのために建築、土木業者を戦地に派遣することも憲法違反とは言えなくなります。

3 緊急事態条項の導入

「戦争・内乱・恐慌・大規模な自然災害など、平時の統治機構をもってしては対処できない非常事態において、国家の存立を維持するために、国家権力が、立憲的な憲法秩序を一時停止して非常措置をとる権限」が**「国家緊急権」**と言われます。自民党は「国家緊急権」を条文化した「緊急事態条項」を明記することを主張してきました。その理由として、①阪神淡路大震災、東日本大震災、熊本地震や新型肺炎に迅速に対応するためには憲法に緊急事態条項が必要、②ドイツやフランス、韓国の憲法にも緊急事態条項がある、さらに③自然災害などで国政選挙ができない場合を想定して、緊急事態の際の国会議員の任期延長が必要と自民党は主張します。

一方、緊急事態条項に対しても批判があります。①に対しては、自然災害には**「災害対策基本法」**(1961年)などの法令、新型肺炎にはいわゆる「感染症法」(1998年)や「検疫法」(1951年)などの法令で対応できること、阪神淡路大震災、東日本大震災、熊本地震などの自然災害や新型肺炎に迅速に対応できなかったのは憲法に緊急事態条項がなかったからではなく、政府が適切かつ迅速な対応をしなかったからと反論されます。②に対しては、例えばドイツでヒトラー独裁が可能になった一因はヒトラーが緊急事態条項を悪用したこと、フランスでも1961年に緊急事態条項が発動された際、欠席裁判での死刑判決が下されるなど、緊急事態条項の悪用が危惧されます。③に関しても、日本全土で選挙ができないほど大規模な自然災害は存在せず、地震などのために選挙が困難になった地域にだけ**「繰延投票」**(公職選挙法57条)で対応すればよく、全国会議員の選挙を延期する必要はないと主張されます。

4 教育の無償化(充実化)

自民党は「誰もが家庭の経済事情に左右されることなく、質の高い教育を受けられる社会が求められています」として、憲法に「教育の充実」「無償化」を明記することを主張します。すべての人間に教育の機会が認められるべきという主張には異論はないと思われます。ただ、そのために憲法改正は必要なく、むしろ法律の制定や予算で対応すべきというのが反対意見です。憲法26条の「教育を受ける権利」は、能力があるにもかかわらず経済的事情で教育が受けられない状況が生じないよう、国に積極的な施策を要求する権利とされています。教育の「無償化」「充実化」はそもそも憲法26条の要請であり、憲法改正は必要ないと主張されます。

さらに敗戦までの日本では、「国のために死ぬのは当然」という思想を国民に植えつけるため、権力者は「公教育」を利用しました。こうした歴史的反省に基づき、「教育を受ける権利」の内容として、公権力による教育内容への介入が禁止されています。自民党が掲げる「教育」に関する改憲案には、公権力による教育内容への介入を可能にする文言が含まれています。その結果、「国のために尽くすのは当然」といった、思想注入の手段として教育が利用される危険性があると批判されます。

5 「合区解消」のための憲法改正

たとえば選挙の際、A県の人は一人3票投票するが、B県の人は一人1票しか投票できない。こうした選挙制度、みなさんがB県の人なら納得しますか？　多くの人は納得しないと思いますし、憲法でも認められません（14条、44条）。**「一票の価値の平等」**は憲法の要請です。ところが各県の人口と、各県に割り当てられた当選人数次第では、似たような状況が生じます。そのため2016年の参議院選挙以降、徳島県と高知県、そして鳥取県と島根県からは1人の参議院議員しか選べない制度になっています（いわゆる**「合区」**）。これでは地方の声が国政に反映されないとして、自民党は「合区解消」のための憲法改正を主張します。

一方、「合区」を解消するために憲法改正は必要なく、「公職選挙法」を改正するだけで可能と反論されます。さらに「合区」解消のための憲法改正は、地方に強い選挙基盤を持つ自民党に有利な選挙制度をつくることにつながります。そのため、日経新聞2018年2月20日付社説は「まるで自民党の自民党による自民党のための憲法改正である。同党憲法改正推進本部がまとめた選挙制度に関する改憲案はあまりに自民党に有利な制度設計であり、到底受け入れがたい」と批判します。

6　国会議員の任期延長改憲論

国会議員の任期ですが、衆議院は４年間（憲法45条）、参議院は６年（憲法46条）と定められています。しかし任期満了の際に戦争や自然災害、感染症拡大等で選挙ができない可能性があるので、その場合に備えて国会議員の任期延長を認めるのが議員任期延長の改憲論になります。議員任期延長の改憲論については、参議院議員がすべていなくなることはないので、いざというときには「参議院の緊急集会」（54条２項）を類推適用できること、議員任期延長は主権者の投票する権利を政治家の判断で奪うことになり、「国民主権」から正当化できないとの批判もあります。

7　憲法改正をどう考えるか

自民党は「婚姻・家族における両性平等の規定は、家族や共同体の価値を重視する観点から見直すべきである」と発言しています（2004年6月10日自民党憲法調査会の憲法改正プロジェクトチームの「論点整理（案）」）。みなさん、特に女性はこうした憲法改正に賛成できますか？

また、総務省の試算でも、憲法改正国民投票には850億円の費用がかかります。「何も変わらない」という自衛隊明記の憲法改正、自民党に有利な選挙制度をつくることになる、「合区解消」のための憲法改正に850億円もかける必要があるのでしょうか？　「教育の無償化」を憲法に明記することに850億円費やすより、その費用を保育や教育に費やしたほうが有益という主張をどう考えますか？

読んでほしい本など

・清末愛砂＝飯島滋明＝髙良沙哉＝池田賢太編『ピンポイントでわかる自衛隊明文改憲の論点』（現代人文社、2017年）

・清末愛砂＝石川裕一郎＝飯島滋明＝池田賢太編著『自民党改憲案にどう向きあうか』（現代人文社、2018年）

（飯島滋明）

第2部

はじめの一歩
憲法

第1章 憲法の基本原理

1 憲法の基本原理について

みなさんも小学校や中学校で「憲法」を学んだと思います。そこで「基本的人権の尊重」「平和主義」「国民主権」が憲法の「三大原理」と教わったと思います。「国民主権」は第2部第3章、「平和主義」は第2部第5章で紹介します。ここでは日本国憲法の三大原理の一つである「基本的人権の尊重」、そして「立憲主義」を紹介します。

2 「基本的人権の尊重」について

(1)「個人の尊厳」と「幸福追求権」

学生と接していると、学生たちは当たり前のように将来の夢を語ります。「車のディーラーになりたい」「公務員になりたい」「アパレル業界で働きたい」「学校の先生になりたい」「旅行業界で働きたい」……。

しかし、今の憲法（＝日本国憲法、1946年11月3日公布、1947年5月3日施行）ができるまでは、「将来を語ること」は当然ではありませんでした。**大日本帝国憲法（明治憲法）**では、国民は「臣民」にすぎませんでした。明治憲法には「兵役の義務」があり（20条）、男子は召集令状、いわゆる「赤紙」で戦争に行かされました。「死は鴻毛（こうもう）よりも軽しと覚悟せよ」と「軍人勅諭」にあるように、人の生命も「鳥の羽根」より軽く扱われました。

日本国憲法では、敗戦までの日本のような、人の生命を「鴻毛よりも軽し」とする政治を否定します。一人ひとりの個人はかけがえのない存在であり、大切に扱われなければならないという**「個人の尊厳」**（13条）が日本国憲法では基本原理とされました。さらに、自分が幸せになることを認めず、国のために生命を投げ出すことを求めた、敗戦までの政治を否定するため、13条後段では**「幸福追求権」**が憲法で認められています。みなさんは将来の夢を国に奪われず、自分の幸せを求めることが「権利」として認められました。2013年、最も活躍したスポーツ選手の一人と言えば、野球のマー君こと楽天の田中将大選手だと思います。田中投手は2014年に「メジャーリーグでプレーしたい」という夢をかなえることができました。マー君は2011年に「沢村賞」を受賞していますが、その由来となった沢村栄治という偉大な投手は、野球を続けることを国から認められず、3回も徴兵されて戦場に送られました。そして3回目の徴兵の1944年、27歳で戦死します。自分の夢を追うことが許されなかった沢村投手と、自分の夢を自由に追うことができる田中投手。「憲法」のあり方は、2人の投手の生き方にも明確に現れています。

(2)「憲法上の権利」について

憲法97条では、「この憲法が日本国民に保障する基本的人権は、人類の多年にわたる自由獲得の努力の成果であつて、これらの権利は、過去幾多の試錬に堪へ」と定められています。憲法で保障されている「権利」や「自由」は「過去幾多の試練」の末に獲得されたものです。いくつか例をあげます。日本国憲法では「個人の尊厳」「幸福追求権」が認められています。**「アジア・太平洋戦争」（1931年～45年）**までの日本では、「天皇や国のために死ぬのは尊い」という思想、国に尽くすことは尊いという「愛国心」を植えつけるため、政治家たちは「家」や「公教育」を利用しました。敗戦までの思想注入教育を改め、教育は個人の人格形成・成長のために行われるべきとの考えから、憲法26条では「教育を受ける権利」が保障されています。敗戦までの「家」制度のあり方も否定され、憲法24条では「個人の尊厳」と「両性の本質的平等」に基づく「家」制度が保障されました。「国のために死ぬのは尊い」という思想を植えつけるために権力者が「日の丸・君が代」や「靖国神社」を利用したことへの歴史的反省として、憲法19条の「思想及び良心の自由」では、権力者が「日の丸・君が代」を国民に強制することが禁止されています。憲法20条や89条では「政教分離」が定められ、権力者が戦争のために靖国神社を利用することを拒否します。明治憲法下では「徴兵」は国民の義務でした。戦争の際には女性も「徴用」され、軍事工場などで働かされました。こうした政治を認めないため、憲法18条では「奴隷的拘束及び苦役からの自由」が保障されています。「アジア・太平洋戦争」までの日本で「戦争反対」と発言したり、政府を批判すれば、特高（特別高等警察）などに身体を拘束され、壮絶な拷問を受けました。こうした政治や警察などを否定するため、憲法で「表現の自由」（憲法21条）が保障され、政府や戦争に反対する言動が権利として認められました。刑事手続でも警察や検察による恣意的な逮捕、残虐な拷問を禁止するなど、詳細な規定が設けられました（31条～40条）。「恐怖と欠乏から免かれ、平和のうちに生存する権利」が憲法前文で明記されたように、「平和に生きる権利」（平和的生存権）も憲法で保障されました。

(3)「憲法上の権利」と「外国人」

憲法が大切にしているのは一人ひとりの「個人」です。「基本的人権の尊重」を基本原理とする日本国憲法では、外国人も当然、憲法上の権利・自由が保障されます。最高裁判所も**マクリーン事件**で、「基本的人権の保障は、権利の性質上日本国民のみをその対象としている事項を除き、わが国に在留する外国人に対しても等しく及ぶものと解すべきである」としています（最大判1978年10月4日）。憲法学説でも、外国人に認めるのが適切でない権利を除き、憲法上の権利は外国人にも認められるという**「権利性質説」**が通説となっています。一般的に「参政権」「生存権」「入国の自由」が外国人には認められないとされています。

外国人への差別的言動は刑事罰や民法上の損害賠償責任が認定される事案も少なくありません。

1998年6月、ブラジル人が宝石店への入店を拒否された事案で、静岡地裁浜松支部は人種差別撤廃条約を根拠として、150万円の損害賠償を宝石店に命じました。韓国籍であることを理由に賃貸契約を拒否した家主に対して2008年4月、京都地方裁判所は110万円の賠償を命じました。2019年11月、小学校跡地近くでヘイトスピーチをして名誉棄損罪に問われた刑事事件で、京都地方裁判所は罰金50万円の有罪判決を言い渡しました。スイミングスクールで「国に帰ったらどうか」と言われた台湾人女性が損害賠償を求めた裁判で、2018年12月、大阪地方裁判所裁判は「排外的で不当な差別的発言」と認定し、15万円の賠償を命じました。

(4)「憲法上の権利」と「公共の福祉」

憲法は「あらゆる人」の「基本的人権」を認めています。そのため、他人の権利や自由を侵害する行為は「権利」や「自由」として認められません。たとえばプライバシーの権利（13条）を侵害する表現行為は「表現の自由」（21条）として認められません。1789年のフランス大革命の際に出された、「人および市民の諸権利に関する宣言」、いわゆる**「フランス人権宣言」4条**の「自由とは、他人を害さないあらゆることをなしうることである」との規定にも、他人の権利・自由を害する行為は「自由」「権利」として認められないという考えが示されています。こうした考え方は、日本国憲法では**「公共の福祉」**（12条、13条）という用語に示されています。「憲法が自由や権利ばかりを保障したために犯罪やいじめが増えた」ので、「憲法を改正して義務に関する規定を設けるべきだ」と主張されることがあります。こうした発言は「憲法上の権利」や「公共の福祉」についての正しい理解ではありません。殺人は「生命の権利」（13条、25条）、「窃盗」は「財産権」（29条）、いじめは「個人の尊厳」（13条）を侵害します。殺人といった犯罪、「いじめ」などは基本的人権を侵害する行為です。「基本的人権」を尊重しようとする考えが定着していないからこそ、殺人や窃盗などの「犯罪」や「いじめ」が起こるのです。犯罪やいじめをなくすためには、むしろ基本的人権の重要性を定着させるとりくみが必要です。

3 「立憲主義」について

個人の権利・自由が保障されているため、憲法は「最高法規」とされます（97条、98条）。そして首相や大臣、国会議員、裁判官などの公務員は、個人の権利・自由を保障する「最高法規」である「憲法」を守らなければならないという考え方が「立憲主義」と言われます。「立憲主義」の考え方は、フランス人権宣言16条で、「権利の保障が確保されず、権力分立がなされない社会は、憲法をもつものではない」との規定に現れています。

明治憲法は、法律により、どのようにでも権利・自由を侵害できる**「法律の留保」**により、立憲主義が骨抜きにされました（**「外見的立憲主義」**）。

一方、日本国憲法では「外見的立憲主義」は否定されました。「個人の権利・自由を保障するために権力者を法で拘束する」という「立憲主義」の考え方は、憲法99条の**「憲法尊重擁護義務」**にも現れています。

（飯島滋明）

第2章　日本国憲法の成立

1　ポツダム宣言を読み返す―平和・人権・民主の新生日本は国際公約

日本国憲法はいかにして成立したのか？　このことが憲法改正をめぐる争点ともなってきました。一部に日本国憲法は占領下でGHQによって専ら押しつけられたものという議論もあるからです（押しつけ憲法論）。

日本国憲法の成立を考えるにあたって、まず重要なのが、アジア・太平洋戦争の終結・敗戦と、その際に受諾した、日本への降伏要求の最終宣言（**ポツダム宣言**）です。

同宣言は、連合国が日本に無条件降伏を迫ったということにとどまらず、新しい日本のあり方として、**平和、基本的人権、民主主義**を掲げていました（第10、12項）。これを受諾した日本政府にとっては、この実行が国際公約となりました。そして、これを実行するには、当然、天皇主権をとる大日本帝国憲法（明治憲法）の抜本的な大変革が必要でした。

興味深いのは、同宣言では、連合国が民主主義をゼロから創るとしたのではなく、「日本国国民の間に於ける民主主義的傾向の復活・強化」（第10項）と規定していることです。これは、特に近代以降の日本国民の中にあった**明治自由民権運動**や**大正デモクラシー**などの民主主義の伝統、弾圧を受けながらも地下水的に受け継がれてきた「民権」の伝統が想定されていたわけです。そう考えると、戦後改革は、「押しつけ」によって無理やり日本になかったものを産み出したのではなく、もともとあったものの本格的な産出・発展を助けたと考えることができると思います。

2　押しつけられたのは国民ではなく当時の支配者層（憲法制定手続）

しかし、「結局、政府の憲法案は、GHQ草案を引き写したものではなかったか」

という意見もあるかもしれません。ここでの争点は、①「押しつけられた」のは何者か、②なぜそのような「押しつけられる」はめに陥ったかという点だと思います。

結論からいうならば、「押しつけられた」のは当時の政府・支配者層であっても国民ではありません。当時の政府の下で松本烝治国務大臣を委員長として設置された**憲法問題調査委員会**（**松本委員会**）は、まったくの極秘審議で議事が進められ、明治憲法を微修正するだけでそれを改正案としようとしていました。しかし、1946年2月1日に『毎日新聞』がこの委員会の一案をスクープしました。そこでGHQも日本国民もその内容を初めて知るわけです。政府案のうち最も有力な**松本烝治**案では、ポツダム宣言にも反して、天皇主権のまま、しかも例えば、「天皇は神聖にして侵すべからず」を「至尊にして侵すべからず」へ、軍部の独走を招いた天皇の統帥権規定も「天皇は陸海軍を統帥す」を「天皇は軍を統帥す」に変更する程度の案でした。これらには国内外の論調も大いに批判的でした。

この時、占領にとって便利な天皇制を残そうとしていたGHQにとっては、米国以外に、ソ連、オーストラリア、ニュージーランドなど、天皇の戦争責任を厳しく問う諸国も加わる**極東委員会**が本格的に活動する間近の時期であり、憲法制定は急ぐ必要がありました。GHQは政府にゼロからやり直させるよりも国際世論から見て最低線の水準を示した自らの草案を渡した方が早道だろうと考えて草案を日本政府に交付しました。その際、GHQ民政局長ホイットニーは、慎重な言い回しで、「これを押しつける意思はない」とし、これが国際水準の最低線だろう、あなた方も天皇制を維持したいというならばせめてこの程度の草案を用意してもらいたい、どうしても嫌ならそれでもよいが、その時は政府案とGHQ草案の両方を国民に示し、最後は国民に決めてもらおうという提案をしました。これを当時の日本側支配者層は大いに「押しつけ」と感じたわけですが、しかし、果たしてこれが国民にとっては「押しつけ」だったといえるものでしょうか。

まず、彼らはなぜそのようなはめに陥ったのでしょうか。最初からポツダム宣言にもあるように、平和・人権・民主主義理念に基づく憲法案を作ればよかったわけです。また、憲法案を国民が直接選ぶ機会を潰したのは、当時の政府当事者たちであったという問題もあります。もし国民投票等でこうした二者選択の機会が与えられれば、国民がGHQ草案の方を選ぶのは確実で、そうなれば彼らの政権は倒れ、新しい政権担当者はGHQ草案を支持する人々で占められ、より民主的な憲法が制定される可能性もあったからです。むしろ、彼らは自らの地位を維持するため自ら

GHQ 草案を受け入れたというのが真相です。そうしておいて、日本語で条文化する際に日本官僚の伝統芸である「骨抜き」を図ろうとしたわけです。

しかし、これも所詮政府案にすぎません。政府案がいかなるものであっても、最終的に決定するのは議会の権限です。この後、4月に、女性も参政権を持った男女平等の初めての衆議院選挙が行われ、その議会での徹底審議を経て、日本国憲法は成立します。その際、反対意見も自由に出されましたし、いくつか重要な修正も行われました。だから、日本国憲法は、手続的に見れば、民主的な議会の審議と承認を経たものなのです。

3 憲法草案の内容は日本の民衆がつくったもの(内容面)

こうした手続面以上に重要なことは、GHQ 草案の内容がどこから来たかということです。憲法草案づくりを担当した GHQ 民政局のメンバーは、弁護士や大学教授などで占められ、多くはニューディーラーと呼ばれる自由な思想と発想を持つ世代の人々でした。しかし、彼らといえども、何もないところから短期間で憲法草案を創ることができたわけではありません。彼らは当時発表されていた日本の諸政党や民間の憲法草案等を参考としたのです。

彼らは、当時の民間草案、とくに**高野岩三郎、鈴木安蔵、森戸辰男**など在野の有識者たちでつくる**「憲法研究会」**の憲法草案（1945年12月26日）を最も参考にしました。この2つの草案は、国民主権、象徴天皇制、人権規定などまさに瓜二つです。

さらに、この憲法研究会案の構想はどこから来たかというと、筆をとった鈴木安蔵は、明治自由民権運動の研究者であり、**植木枝盛**の案（**東洋大日本国国憲按**）などを参考にして草案作りを行いました。ここに、**明治自由民権運動→憲法研究会→ GHQ 草案**という方向性が見て取れます。GHQ 草案は、実質的には当時の良質な国民の声を組み入れ、しかもそれは明治以来、民衆が追求してきたものだったということです。

4 憲法第９条の提起者・発想者

ただし、平和主義条項は憲法研究会案の中にありませんでした。では誰が憲法9条の提案を当時行ったのでしょうか。諸説ありますが、学界の通説的見解は、1946年1月24日の**幣原喜重郎・マッカーサー会談**で幣原喜重郎首相から平和主義・戦争放棄の発想が示され、マッカーサー元帥がそれを積極的に受容して憲法条項化を決断したとされます。学説の多くは、この事実を前提として、そのことの解釈・評価として、①日米合作説、②幣原の提起・イニシアティブを重視する説、③マッカーサーの憲法条項化の決断を重視する説に大別できますが、それらの相違は、事実の争いではなく、幣原とマッカーサー両者の位置づけと解釈の問題です（別説もあります）。

まさに、幣原による平和主義の提起は、戦前、平和外交で世界的に有名な外交官であった幣原外交の成功と軍部台頭による挫折の経験などが彼を動かしたものでしょうし、また、天皇制存続を確実にしておきたいという老練な政治家としての冷静な計算もあったでしょう。ただし、幣原自身は、平和を求める国民の切実な「野に叫ぶ声」に動かされて憲法制定に当たったと言っています（幣原喜重郎『外交五十年』）。また、幣原は、憲法制定後も一貫して9条擁護の論陣を積極的に張りました。幣原の「英知と先見性とステーツマンシップ」は、それを積極的に受容したマッカーサーも含めて、今日、振り返り学ぶべきものがあるように思われます。

読んでほしい本など

・家永三郎『歴史のなかの憲法　上』（東京大学出版会、1977年）
・古関彰一『日本国憲法の誕生〔増補改訂版〕』（岩波現代文庫、2017年）
・河上暁弘「憲法９条の成立⑴〜⑷」地方自治総合研究所『自治総研』４３巻２号〜４３巻５号（2017年）

（河上暁弘）

第3章　国民主権・民主主義

1　国民主権・民主主義の重要性

国民主権は、基本的人権の尊重、平和主義とならんで日本国憲法の三大原理の一つに数えられていますが、そもそも**国民主権（憲法前文・1条）**とは、「国の政治のあり方を最終的に決定する力ないし権威は国民に存するという原理」あるいは「政治のあり方は最終的には一人ひとりの国民が主権者として決定するという原理」をいいます。要するに、「国民こそが国政における主役である」「政治的決定権はあげて国民にある」という意味です。

大日本帝国憲法（明治憲法）では、**天皇主権**のもと、天皇は現人神（あらひとがみ。神の化身）として神聖不可侵な存在とされ、神勅（神の意思）により統治権の総攬者として絶対的な権力を持っていました。これに対して、我われは**臣民**（しんみん。すなわち天皇の家来、しもべ）に過ぎませんでした。しかし、日本国憲法では天皇は主権者の地位から降り、かわりに「日本国及び日本国民統合の**象徴**」になってもらうとともに、我われが国民として主権者の地位についたのです（憲法1条）。もちろん天皇には神格性はなく（天皇の人間宣言）、その地位は国民の総意にもとづくとともに、国政権能もなく国事行為のみ可能とされました（憲法4条）。国民主権は今やほとんどの国の憲法で規定されており（ただし、国民主権が形骸化している国も多い）、その重要性はいくら強調してもし過ぎることはありません（→本書2部2章）。

そして、国民主権を実現するための政治制度として、**民主主義（憲法前文、43条）**が採用され、国民から直接選挙された議員によって構成される国会が**「国民の代表機関」**とされたのです。民主主義を健全に機能させ、国民主権を実現するためには、国民に**“選挙権”（憲法15条）**が等しく保障されなければなりません。この点、選挙権の法的性質については、基本的権利であるとともに公務であるとする**二元説**が通説となっていますが、**権利一元説**も有力に主張されています。たとえ二元説にたつとしてもその権利性が最大限に尊重される必要があります。①**普通選挙**（性別・

教育・財産などを選挙権の要件としない原則)、②**平等選挙**(一人一票の原則)、③**自由選挙**(棄権しても罰金や公民権停止などの制裁を受けない原則)、④**秘密選挙**(誰が誰に投票したかを秘密にする原則)、⑤**直接選挙**(選挙人が直接に公務員を選挙する原則)という選挙に関する五つの基本原則もぜひ理解しておいてください。

2 民主主義を実現する手段——直接民主主義と間接民主主義

みなさんは高校までに、民主主義を実現する手段には直接民主主義と間接民主主義という2つの類型があることを学んだと思います。その国に住む国民自らが具体的な政治的決定をおこなうのが**直接民主主義**であり、国民が代表者を選び、その代表者が具体的な政治的決定をおこなうのが**間接民主主義**(**代表民主主義**あるいは**議会制民主主義**とも言います)です。この点、日本では、憲法に規定された「日本国民は、正当に選挙された国会における代表者を通じて行動し」(**憲法前文**)、また、「両議院は、全国民を代表する選挙された議員でこれを組織」(**憲法43条1項**)という文言から明らかなように、政治制度としては原則として間接民主主義が採用されています。直接民主主義的な制度としては、**憲法79条**(**最高裁判所裁判官の国民審査**)・**95条**(**地方自治特別法**)・**96条**(**憲法改正の国民投票**)の三つしか規定されていません。すなわち、国民の直接的主権行使は、前述の選挙(憲法15条)を除けば、この三つの場面に限られているのです。

それではなぜ日本国憲法は直接民主主義ではなく、間接民主主義を原則としているのでしょうか? 「直接民主主義をとり、みんなで話し合ってみんなで決めた方がいい」という人もいると思いますし、「その方がいいと思うけど、日本人は1億2千万人もいるから無理」という人もいるでしょう。しかし、よく考えてみて下さい。インターネットが発達した現代社会では、直接民主主義を採用し、インターネットを通じて全国民が直接討論して電子投票による多数決で基本的な政治的決定を行うことは十分に可能かもしれません。例えば、消費税を10%にするかどうか? 原発を使い続けるかどうか? 集団的自衛権を認めるべきかどうか? 首相を誰にするか? そのような具体的な政治的決定を「みんなで話し合ってみんなで決める」ことは現実にできうると思います。

それでは、直接民主主義が採用されるべきなのでしょうか? 実は決してそうではないのです。むしろ日本国憲法は、「たとえ直接民主主義が制度上、実現可能であったとしても、間接民主主義をとるべきである。直接民主主義よりも間接民主主義の方が優れた政治制度である」と考えているのです。その理由を理解することが国民主権や民主主義を真に理解する第一歩なのです。

3 間接民主主義は直接民主主義よりも優れているのか？

日本における小中学校の社会科の教科書で教えられる民主主義は、「みんなで話し合ってみんなで決めれば良い結論になる」という素朴な民主主義観です。具体的には、構成員全員で許される限りの時間をかけて討論し、最後は多数決で決め、全員がそれに従うべきというものです。例えば、クラスの学級委員を決めるのも、遠足の行き先を決めるのも、通常、この方法が採用されます。

しかし、考えてみてください。みんなで話し合ってみんなで決めたからといってよい結論になるとは限りません。たとえば、100人の愚者で決めるよりも10人の賢者で決めた方がよい結論に到達する場合も多いでしょう。一般市民は日々の生活に追われ、政治についてあまり詳しくはありません。また、一般市民はものごとを「自分にとって得かどうか」で判断しますが、政治的決断はそれではダメなのです。国民の生の声を政治に反映すればするほど、政治がよくなるわけでは決してないのです。この点、政治的決断は、自分の利害とは離れて、「100年先の日本にとってどうあるべきか」を先見の明で見越し、英知を結集して正しい判断をしなければならないのです。

「政治について詳しい政治的エリート（**選良**）をみんなで選抜し、政治的決定は基本的に彼らに委ねた方が政治運営はうまくいく」というのが、間接民主主義が採用されている本当の理由なのです。よって、たとえ一般大衆の大多数が反対であっても選挙でえらばれた議員の過半数で決めた政策は、基本的に実行してよいのです。たとえば、いくら国民が反対しようとも、国会議員の過半数が「将来の日本のためには今、消費税を上げる必要がある」と決断するならば、消費税増税は許されるのです。だからこそ我われ国民は、選挙で国会議員を厳選しなければならないのです。選挙でえらんだ国会議員に政治を託すことになるからです。

4　権力行使者が国民の「信託」に反した場合

このように国会議員は、場合によっては国民の多数意見に反する政策を選択することも許されますが、その政治的選択がもたらした結果にはつねに全責任を負わなければなりません。また、我われが選挙でえらんだ国会議員が国民の利益に反する行動をとるなど、権力行使者が国民の**「信託」**に反した場合には、国民は、その権力行使者を批判できるだけではなく、これに抵抗し倒すことができる権利を持っていることはもちろんです。これを**“抵抗権”**と言います。抵抗権は、憲法に内在する実定法上の権利です。すなわち、憲法が国民の意思によって制定されたものである以上、それを自らの手で擁護する国民の権利は当然に憲法に内在していると解されるのです。**憲法12条**で「国民の不断の努力」による権利・自由の保持責任が規定され、また、**憲法97条**で基本的人権が「人類の多年にわたる自由獲得の努力の成果」と規定されているのも、このような解釈を裏づけるのです（→本書2部20章）。

5　政党と民主主義

政党とは、一定の政策・綱領を掲げ、それに対する国民の支持を背景に、政府機構の支配の獲得・維持を通じてその実現をはかろうとする、自主的・恒常的な政治組織団体であり、間接民主主義において国会と内閣の橋渡しの働きをしています。すなわち、政党は、議会制民主主義を支え、国民の統合と憲法の機能のあり方を規定する重要な存在であり、政党の問題を抜きに、個人の自由の保障の体系や権力分立制は語りえないのです。この点、日本国憲法には政党についての明文規定はありませんが、憲法21条1項の結社の自由がその法的根拠とされています。法律としては政党助成法（1994年）が制定されています。憲法の定める統治構造と過程は、政党の数や性格、内部構造、その政治的価値観などによって規定されることから、政党に自由な活動を保障するとともに、党内民主主義を実現することが非常に重要となるのです。

（藤井正希）

第4章 天皇制

1 天皇の地位と国民主権

日本国憲法1条は、**象徴天皇制**に関する規定として知られていますが、同時に、**国民主権**の規定でもあります。条文は、「天皇は、日本国の象徴であり日本国民統合の象徴であつて、この地位は、主権の存する日本国民の総意に基く」とあり、「象徴」としての天皇の地位は、主権者たる国民の総意によって成り立つとされています。そうすると、私たち国民の意思如何で、天皇制のあり方が変わりうるということになりますが、そうしたことが国民の間でどれだけ意識されているでしょうか。天皇制は所与のもので、これまでの歴史と伝統を踏襲しなければならないという意見もありますが、みなさんはどう思いますか。

2 象徴とは何か

「象徴」という言葉自体を聞いたことがないという人はいないと思いますが、「どんな意味か」と聞かれると、意外にとまどうのではないでしょうか。『広辞苑』では、「本来かかわりのない二つのもの（具体的なものと抽象的なもの）を何らかの類似性をもとに関連づける作用。例えば、白色が純潔を、黒色が悲しみを表すなど」と説明されています。これを憲法1条の規定に当てはめてみると、抽象的な「日本国」とか「日本国民統合」という概念を、具体的な「天皇」という存在で便宜的にたとえていることになります。但し、両者は「本来かかわりのない」ものなので、強固なつながり（イコール）で結ばれてはいないという点に注意してください。すなわち、象徴という地位は、君主や元首と同義ではなく、それにより何らかの政治的権力を持つことは認められないということです。

3 天皇の権能

旧憲法と異なり、天皇は主権者ではなくなり、政治的実権（「国政に関する権能」）を持つことも認められなくなりました（憲法4条1項）。そうして、天皇の権能は「この憲法の定める国事に関する行為のみ」に限定され、すべての国事行為には「内閣の助言と承認」が必要となりました（同3条）。すなわち、**国事行為**として天皇に認められる権能はあくまで形式的・儀礼的なもので、その中身を決める権限は天皇自身にはなく、他の機関（内閣）がそれを行い、その責任も内閣が負うということです。

そうした国事行為は、憲法に列挙されたつぎの事項に**限定**されています。①国会の指名に基づく内閣総理大臣の任命（6条1項）、②内閣の指名に基づく最高裁判所長官の任命（6条2項）、③憲法改正・法律・政令・条約の公布（7条1号）、④国会の召集（7条2号）、⑤衆議院の解散（7条3号）、⑥国会議員総選挙施行の公示（7条4号）、⑦国務大臣および法律の定めるその他の官吏の任免ならびに全権委任状および大使・公使の信任状の認証（7条5号）、⑧大赦・特赦・減刑・刑の執行の免除・復権の認証（7条6号）⑨栄典の授与（7条7号）、⑩批准書および法律の定めるその他の外交文書の認証（7条8号）、⑪外国の大使・公使の接受（7条9号）、⑫儀式の遂行（7条10号）、⑬国事行為の委任（4条2項）。

このように、法令上、天皇に認められる権能は、上記にあげられた国事行為のみとなっています（私的行為については、法令上の根拠がなくても認められるのは当然です）。しかし、たびたび報道でも見かける天皇の公的な行為は、すべて国事行為に限られているでしょうか。天皇が公的な場でスピーチをする「おことば」、外国への公式訪問や外国元首の接待等の「皇室外交」、国内巡幸や各種行事への出席などは、私的行為とも国事行為ともとれない、中間的な公的行為として事実上存在していますが、これらの行為を憲法上どのように位置づけるかは相当な難問です。法的根拠のない事実上の行為には法的コントロールが効かず、運用次第では、天皇の政治的中立性に抵触するおそれが出てくるからです。

4　皇位継承問題

皇位（天皇の地位）継承のルールについては、憲法2条で「皇位は、世襲のものであつて、国会の議決した皇室典範の定めるところにより、これを継承する」と規定されています。この**皇室典範**（1947年）1条（皇位は、皇統に属する男系の男子が、これを継承する）が、血統主義と男系（「父方の血筋」の意）男子主義という皇位継承の二大ルールを規定しているのですが、現在の皇室における皇位継承資格者が少ないことから、今後の皇室存続との関連で、このルールを見直すべきではないかという議論が持ちあがっています。具体的には、皇室典範を改正して、女系も含めた女性天皇を認めるかどうかという問題です。この案については、2005年、小泉純一郎首相（当時）の私的諮問機関「皇室典範に関する有識者会議」が女系女性天皇を認める内容の報告書を提出し、皇室典範改正が具体的視野に入れられたことがありました。当時の世論としては、男女平等の時代に適合的であるなど、好意的な意見も多かったのですが、2006年の皇族男児誕生以後、その議論は事実上立消え状態となりました。

その背景には、上記二大ルールを堅持すべしとの声が保守層に強いことがあげられます。男女平等の実現などよりも、皇室の伝統を優先すべきだという主張です。なんといっても皇室は特別な存在なのだから、一般市民と同レベルの議論はなじまないという考え方がその前提にあります。現に、皇室典範9条は養子を禁止としていますし、人権保障についても、天皇・皇族は私たちと比べてかなり限定されています（たとえば、天皇には、選挙権・被選挙権や外国移住・国籍離脱の自由は認められず、皇族にも、婚姻の自由や財産権などの制約があります）。

天皇の退位等に関する皇室典範特例法（2017年）付帯決議では、皇位継承に関する諸課題について、2019年の法施行後速やかに検討を行うこととされています。今後の皇室についてどのような方法をとるにしろ、そこに関わる当事者も人間である以上、本人の意思を無視して、血の存続だけに終始する議論は問題ではないでしょうか。

5 国民と天皇

天皇との接点は、私たちの生活のさまざまな場面でも見受けられます。好むと好まざるとにかかわらず、いろいろな行事で**「君が代」**が斉唱され、年の表記には皇位継承に基づく**「元号」**が使われています。その他、意外な接点としては、**「国民の祝日」**もそうで、「国民の祝日に関する法律」（1948年）で示されている説明ではわかりにくいのですが、天皇や皇室祭祀に由来するものがかなり多いことがあげられます。

こうしたことについて、みなさんはどう思われるでしょうか。数の上では特に違和感を覚えない人の方が多いのかもしれません。しかし、こういったことに抵抗を感じる人が一定数いるのも事実です。たとえば、入学式や卒業式といった教育の場で、君が代斉唱が行われた際に起立・斉唱しない教員が懲戒処分を受ける事例がたびたび起きています。これに関する裁判例も数多くありますが、この問題の根底には、天皇の治世がいつまでも続くことを願うという歌詞の「君が代」が、民主主義体制にある日本の国歌にふさわしいのかという問題意識があります。そして、自己の思想・良心に反する行為を強制されないという**思想・良心の自由**（憲法19条）に関わる問題（→本書2部8章）であると同時に、子どもたちに対する教育のあり方を問う問題（→本書1部3章12）でもあります。

2019年は代替わりにともなう一連の行事が行われましたが、憲法上特に問題点が指摘されたのが、**大嘗祭**（天皇の即位後、初めて行う新嘗〔にいなめ〕祭）です。これは宗教色の非常に強い神道儀式（核心部分は非公開の秘儀）であり、これへの公費（皇室の私的生活費としての内廷費ではなく、公的活動費となる宮廷費）支出（24億4,300万円）は、**政教分離原則**（→本書2部18章）違反であるとの指摘もなされています。

天皇制の問題は国民主権の問題と密接に関わります。伝統の名の下に、主権者国民が思考停止してよいのかが問われています。

読んでほしい本など

・宇都宮健児『天皇制ってなんだろう？――あなたと考えたい民主主義からみた天皇制』（平凡社、2018年）

（松原幸恵）

第5章　平和主義

1　前文第１段――平和と民主主義の一体性

平和主義は日本国憲法の三大原理の1つですが、本章ではまず、それを規定した**前文**を読むところから始めたいと思います。

前文第1段では、「政府の行為によつて再び戦争の惨禍が起ることのないやうにすることを決意し」た旨が規定されています。主語は「日本国民」ですから、この「決意」は、国民自身が政府（国家）に二度と戦争をさせないという決意です。国民が戦争を望まなくとも、国家・権力者は戦争・武力行使を厭わない傾向があります。それは、権力者にとっては目的達成のための手段は多いほどよいでしょうし、戦争の前線に出ることもなく自らの命が危険にさらされることもないのが通例だからです。

そこで、日本国憲法では、国家（政府）と国民を区別した上で、「国民自身が戦争をしない」と規定するのではなく、あえて「国家に戦争をさせない」と規定しているわけです。さらに、それに続けて、「主権が国民に存することを宣言し、この憲法を確定する」と規定しています。これは、**国民主権（民主主義）と平和の一体性**を確認したものです。国民が真の意味で「主権」（政治の最終意思決定権）を持てば、国家に戦争をさせない政治を実現できうるでしょうし、また逆に、「民主主義がなくなれば平和はなくなる」という認識に基づくものです。

2　前文第２段――平和と人権の一体性（平和的生存権）

前文第2段では、まず、「平和を愛する諸国民の公正と信義に信頼」して「われらの安全と生存を保持」する旨が規定されています。これは「われら」すなわち「国民」の安全と生存であって、「国家」の安全と生存ではありません。また、「平和を愛する諸国家」ではなく、「平和を愛する諸国民」であることにも格別の注意が必要です。古今東西、国家・権力担当者は戦争を厭わないとしても、国民は人を殺したり殺されたりしないで人生を送りたいという人がほとんどだと思われます。

また、これは「信頼」して何もしないという受身の発想ではなく、世界中の市民と**信頼のネットワーク**を構築して戦争を未然に防ぐという積極的・能動的・実践的な発想に基づくものです。

続けて、「専制と隷従、圧迫と偏狭を地上から永遠に除去しようと努めてゐる国際社会において、名誉ある地位を占めたい」と規定しています。一部に名誉ある地位を占めるためには国際貢献が必要であり、そのためには海外派兵が必要としてこの語を利用しようとする意見もありますが、軍隊は通常、「専制」や「圧迫」の手段として用いられてきましたし、戦争・軍事は人権侵害の最大級の原因・理由となってきたことへの注意が必要でしょう。

さらに、同段では最後に、「全世界の国民が、ひとしく恐怖と欠乏から免かれ、平和のうちに生存する権利を有する」と、「全世界の国民」の**平和的生存権**の保障について規定しています。これは、ただの「平和」ではなく、「恐怖」(戦争や専制政治)と「欠乏」(飢餓・貧困)から免れた真の平和を目指すものです。まさに、この規定は、戦争・武力紛争といった直接的・物理的暴力のみならず、飢餓・貧困・差別・抑圧・搾取・生態系破壊などの**「構造的暴力」**の解消に向けての(非軍事的手段による)積極的な国際協力推進の必要性を規定したものと解されます。そして、逆に、こうした「構造的暴力」こそが戦争の根本原因となることに格別の注意が必要です。つまり、**戦争の根本原因**から除去し、**戦争を起こさない国づくり・国際社会づくり**を行おうというのが憲法の精神なのです(→本書1部3章8)。

3　第9条——戦争放棄・戦力不保持・交戦権否認

日本国憲法は、①自衛の名による侵略戦争、②国防のための軍拡による不可避的戦争誘発、③(広島・長崎への原爆投下等で)現代戦争、特に核戦争が絶対悪であることを知ったという「国民の三大経験」(深瀬忠一)を踏まえて、前文に、平和的生存権の規定を置き、また**9条**において、**戦争放棄・戦力不保持・交戦権否認**を規定しています。これらの規定は、国民の権利・自由を保障するために国家権力を憲法によって制限することに主眼を置いて主張される概念である立憲主義に則ったものと言え、立憲主義と平和主義を整合的に理解する**「立憲平和主義」**の原理に立脚したものと言えるでしょう。

ただし、9条2項の**「戦力」**の解釈が大きな論点となります。これまで憲法学界の通説的見解では、「戦力」を**警察力を超える実力**（軍隊等）と解してきました。これに対して、政府は、**自衛力を超える実力**と解します。政府は、9条2項は、あらゆる「戦力」の保持を禁止しているが、国家には固有の自衛権があり、それを実効あらしめるために、戦力未満の「自衛のための必要最小限の実力（**自衛力**）」を保持することは合憲と解しています（**「自衛力論」**）。ただ、両者とも、少なくとも攻撃的兵器の保有、**集団的自衛権行使**（米軍防衛の名の下で米軍が世界中で行う戦争への参加が可能となる）、**海外派兵**（武力行使を目的とした自衛隊の海外への派遣）については違憲の立場をとってきました。ただし、安倍晋三政権下で2014年7月1日閣議決定により集団的自衛権の限定行使を合憲と解釈を変更し、翌年その法整備（**「安保法制」の制定**）も行っています。さらに、岸田文雄内閣では、2022年に、防衛費のGDP比2%への増額や「反撃能力（敵基地攻撃能力）」の保有を可能とする**安保三文書**（「国家安全保障戦略」「国家防衛戦略」「防衛力整備計画」）が決定され、「専守防衛」や**「軍事大国にならない」**としてきた安保政策の基本方針が大転換しています。

重要なことは、憲法9条の下では、国会・裁判の場で、自衛隊自体の違憲性が常に問われ、そのため、その存在及び活動の合憲性につき政府の側に**立証責任**が生ずることです。政府は、自衛隊は違憲の「戦力」ではないこと、交戦権などを持つ「普通の国」の「軍隊」ではないこと、他国防衛や海外での武力行使を行うための軍事組織ではないことへの立証責任が常に生じます。国民の平和を求める世論や平和運動に加えて、このことが日本の軍事化への決定的に重要な法的歯止めとなってきました。

今日、集団的自衛権全面行使や海外派兵を容認する考えが台頭しています。また、自衛隊を憲法に規定する改憲論も提唱されています（→本書1部3章14）。しかし、もし、自衛隊規定が憲法に入れば、自衛隊の合憲性の立証責任は政府側になくなり、これまで軍事化を抑制してきた法的歯止めがなくなります（**立証責任の転換**）。また、それにより、①「安保法制」の合憲化、② ICBM、長距離戦略爆撃機、攻撃型空母等の「攻撃的兵器」保有の合憲化、③徴兵制・徴用制の合憲化、④軍事権限の民主的統制の空洞化、⑤自衛官の軍事規律の強化、⑥軍事機密の横行、⑦自衛隊のための強制的な土地収用、⑧自衛隊基地訴訟における違憲訴訟や騒音被害に関する飛行差止請求・損害賠償請求への影響、⑨軍事費の増大、⑩産軍複合体・軍学共同体の形成などへとつながる可能性があります（山内敏弘『安倍改憲論のねらいと問題点』日本評論社、2020年）。

これまで、ともあれ、日本は戦争をせず、たとえ自衛隊を海外に派遣しても武力行使を目的・任務とせず、住民に銃を向けない独自の国際協力のあり方を志向してきました。また、国内で（治安出動により）国民に銃を向けたり、あるいは軍事目的による人権制限が正面から行われるようなことはまずありませんでした。こうした**「非戦国家」**としての戦後日本のあり方を、恥ずかしいことと思うか、それとも日本の**「平和ブランド」**（柳澤協二『亡国の安保政策』岩波書店、2014年）としてそれなりに誇らしいことと思うか、さらに進んで、憲法の非戦・非軍事平和主義を国内外でより一層実現・発展させていくかが問われます。

日本国憲法の平和主義は、国際連盟規約、不戦条約、国際連合憲章など国際法による戦争違法化の伝統・普遍的な潮流を正統に継承した上で、戦力の保持を禁止したという形で「徹底」をした**「徹底的平和主義」**です。これは、普遍性と独自性の双方を持つものです。その上で、日本だけが戦争・武力行使しなければそれでよいとするのではなく、武力紛争の根本原因たる「構造的暴力」の根絶・撤廃に向けて、全世界の国民の平和的生存権の保障を実現するための能動的努力を規定した点で、**「積極的平和主義」**でもあります（→本書1部3章8）。

今後、真に平和を実現しようとするならば、「戦争が起きたらどうするか」（**後追い型・対症療法型・現状追従型思考**）ではなく「戦争や軍隊を必要としない日本・東アジア・国際社会をいかに構築するか、その国内的・国際的条件をいかに整備するか」（**原因療法・根本原因への対処**）ということを考えて、少しずつでも実現させていくことこそが最大の課題ではないでしょうか。

読んでほしい本など

・小林直樹『憲法第九条』（岩波書店、1982年）
・深瀬忠一『戦争放棄と平和的生存権』（岩波書店、1987年）
・河上暁弘『平和と市民自治の憲法理論』（敬文堂、2012年）

（河上暁弘）

第6章 個人の尊厳・幸福追求権

1 個人の尊厳とは？

みなさんは、これまで「国民主権」「基本的人権の尊重」「平和主義」が日本国憲法の「三大原理」と教わったと思います。もちろんそのことに間違いはないのですが、実はその上位に“日本国憲法の究極の価値”があります。それは**憲法13条前段**を読めばわかります。すなわち、同条は「すべて国民は、個人として尊重される」と規定していますが、ここに書かれた「一人ひとりの個人はかけがえのない存在であり、最大限に大切に扱われなければならない」という考え方を**“個人の尊厳”**（個人の尊重、個人主義とも言います）の原理といい、これこそが日本国憲法の究極の価値であり、三大原理を根底から支えている根本価値なのです。よって、憲法13条前段は日本国憲法のなかでもっとも重要な条文なのです（→本書2部1章）。

“個人の尊厳”の原理についてもう少し詳しくみていきましょう。一人ひとりの個人がかけがえのない存在であり、最大限に大切に扱われなければならないとしたならば、権力者が政治をおこなう場合には国民一人ひとりを最大限に重視しなければなりません。すなわち、憲法の目的も、国家の目的も、国民一人ひとりの幸福な一生を実現することにあることになります。そして、すべての人間はそれぞれ**個性**や**多様性**、**多面性**をもって生まれてくるのであり、一人として同じ人はいません。よって、幸福のあり方も人それぞれ、人によって異なるのですから、憲法や国家は個人の幸福の内容に決して立ちいってはいけません。憲法や国家の任務は、それぞれの人間が幸福だと考える一生を送れるように、側面から最大限の支援をすることであり、それ以上でも、それ以下でもないのです。個人の尊厳の原理は、人間が個性や多様性、多面性をもち、みんな違っているという事実に最大限の価値を見いだす考えと言えます。

2　「公共の福祉」による人権制約

もちろん人権というものは決して神聖不可侵なものではなく、絶対無制限に認められるものでもありません。すなわち、基本的人権は「公共の福祉に反しない限り、立法その他の国政の上で、最大の尊重を必要とする」のであり（**憲法13条後段**）、人権が社会性を持つ以上、この“**公共の福祉**”とのバランスによる制限が課せられることになります。ここにいう公共の福祉とは、「人権相互の矛盾衝突を調整するための実質的な衡平の原理」のことであり、要するに「社会全体に共通する幸福・利益」、「みんなの幸せ」という意味と考えてよいでしょう。例えば、表現の自由（憲法21条）は人権体系上、優越的な地位に立つ、いわば“人権のチャンピオン”ですが、個人の名誉権やプライバシー権を侵害する演説や、社会の善良な性的風俗を侵害するわいせつ文書などは公共の福祉によって制限することが認められるのです（→本書2部10章）。

ただし、個人の自由と生存を最大限に尊重するのが個人の尊厳の原理なのですから、公共の福祉とは決して多数者をつねに優先する論理ではないことに注意が必要です。すなわち、多数決できまったことに抗して、「でも、私の権利を侵害しているからやめてくれ」と異議を申し述べることができるのが自由ということです。ですから、多数決の論理で割り切ってしまうならば、自由を認めた意味がないのです。そもそも自由とは99人が反対しても1人の人間がやりたいと思うことを最大限に保障するものなのです。結果的に、その1人の人間の希望をかなえてあげることはできないかもしれませんが、決して多数決で割り切るのではなく、なんとかしてその希望がかなえられるようにみんなで時間をかけて鋭意努力をしてみようというのが自由なのです。公共の福祉を考える場合には、そのことを決して忘れてはいけません。

3　幸福追求権とは？

大日本帝国憲法（明治憲法）では、天皇主権が採用され、我われは国民ではなく「臣民」（いわば天皇の家来）とされていました。それゆえ、当然、臣民には幸福追求権などは保障されず、逆に国家のために積極的に命をすてることが強制されていました。

しかし、日本国憲法では、そのような考えは否定され、前述したように一人ひとりの個人はかけがえのない存在であり、最大限に大切に扱われなければならないという「個人の尊厳」(13条前段) が基本原理とされました。さらに、個人が幸せになろうとすることを認めず、国家のために命をすてることが強制された明治憲法の時代の政治を明確に否定するために、**13条後段**では**「幸福追求権」**が保障されたのです。これによって、我われ国民は国家によって邪魔されることなく、幸福を追求して自分の幸せを実現することが「権利」として認められました。

そして、現在では、幸福追求権には新たな役割が担わされています。それは、いわゆる“**新しい人権**”を産み出す役割です。すなわち、日本国憲法は、制定から70年以上が経過しており、その間、社会は急激に変化し、憲法制定当時には予想しえなかったような問題が数多く発生して、新たに憲法上の人権として保障されるべき権利や自由も多くなってきたのです。しかし、日本国憲法は硬性憲法で、改正が極めて困難なので (96条)、たとえ憲法に明文規定がなくとも、社会の変化・発展にともなって保護に値すると認識されるにいたった個人の権利・自由を、“新しい人権”として憲法上、保障するために幸福追求権が解釈上、活用されるようになったのです。すなわち、幸福追求権は、社会の変化・発展にともなって必要となった新しい人権を引き出す、いわば“ドラえもんのポケット”のようなものなのです。

4 新しい人権の具体例

幸福追求権を根拠にして認められる代表的な新しい人権としては、①プライバシー権、②自己決定権、③環境権などがあげられます。

(1) プライバシー権(→本書1部2章7)

従来の通説は、プライバシー権を「ひとりで居させてもらう権利」と解していましたし、有名な三島由紀夫の“**宴のあと事件**”の東京地裁判決 (1964年9月28日) では、「私事をみだりに公開されない権利」とされました。しかし、現代の高度情報社会のもとでは、プライバシー権を**「自己に関する情報をコントロールする権利」**と解する見解が有力になっています。この点、プライバシー権は、**表現の自由**と衝突することが多く、両者の調整が必要となり、難しい問題を生じさせています。宴のあと事件や**ノンフィクション逆転事件**（最三小判1994年2月8日）、**石に泳ぐ魚事件**（最三小判2002年9月24日）などをぜひ参照して下さい。

(2) 自己決定権

自己決定権は人格的自律権ともいい、「一定の個人的事柄について公権力から干渉されずに自ら決定する権利」のことです。具体的には、①**喫煙の自由・嫌煙権**、②**髪型の自由**、③**バイクに乗る自由**、④**服装の自由**、⑤**治療拒否の自由**（**尊厳死・安楽死の権利**）、⑥**結婚する・しないの自由**、⑦**子どもを産む・産まないの自由**などがこれに含まれるとされています。しかし、これらのすべてが学説・判例上、憲法上の人権として承認されているわけではなく、また、承認されるとしても、どの程度まで実際に人権として保障されるかについてはさまざまな見解が主張されています。

(3) 環境権

環境権とは、良好な環境を享受しうる権利のことであり、**日照権**や**景観権**も環境権の一種と考えられています。例えば、1960年代の高度成長期、大企業によって引き起こされた公害による甚大な被害（水俣病、イタイイタイ病など）を防止する必要性から、憲法上の権利として“環境権”が主張されるようになりました。環境権を新しい人権として認めるとしても、その具体的な権利内容自体がいまだ特定されていないことから、裁判上の救済までは受けられないと解するのが一般です。

しかし、現在、地球温暖化をはじめオゾン層破壊、酸性雨など、地球環境問題が世界的な問題となり、とくに地球温暖化を回避するために、二酸化炭素をはじめとする温室効果ガスの排出量を実質ゼロにするカーボンニュートラルの実現が大きな課題となっています。その実現のために環境権が果たしうる役割はけっして小さくはないはずです。

（藤井正希）

第7章 平等

1 平等の歴史

「平等」概念の歴史は、それなりに長いものがあります。18世紀市民革命以後の近代憲法において、「自由」と「平等」は2枚看板のように掲げられてきました（たとえば、1789年のフランス人権宣言1条「人は、自由かつ権利において平等なものとして出生し、かつ生存する」）。但し、このように憲法上明記されることで、これらの権利がすぐにも実現し、市民全員が差別なくハッピーに暮らせるかといえば、そう簡単なものではありません。とくに平等の実現は、法制度上の差別的取扱いをなくすだけでは足りず（もちろん、これ自体も実現はなかなか難しいですが）、人々の意識改革や、社会に根付いた差別実態の解消も必要とするので、相当にたいへんです。

事実、現代でも、国際的な人権保障のプロセスにおいて、平等の実現は至上命題となっています。世界人権宣言（1948年採択の国連総会決議）は、1条（すべての人間は、生れながらにして自由であり、かつ、尊厳と権利とについて平等である。人間は、理性と良心とを授けられており、互いに同胞の精神をもつて行動しなければならない）をはじめとして、何度も平等について言及していますし、同宣言の実効性をあげるために1966年に締結された2つの国際人権規約（「経済的、社会的及び文化的権利に関する国際規約」〔A 規約または社会権規約〕、「市民的及び政治的権利に関する国際規約」〔B規約または自由権規約〕）も同様です。それにとどまらず、分野別の人権条約（たとえば、人種差別撤廃条約、女性差別撤廃条約など）も締結され、これらのことからも平等の実現が一筋縄ではいかないことがわかります。

2 日本における平等規定

日本において平等が法的な市民権を得たのは、日本国憲法によってです。その前の大日本帝国憲法には平等規定はありませんでした。すなわち、法制度上の不平等が厳然としてあったということです。とくに、性による差別は、①政治的権利（選挙権・被選挙権は男性限定）、②民法上の権利（女性は婚姻によって無能力者となる〔→本書2部14章〕）、③刑法上の取扱い（男女で適用の仕方が異なる姦通罪という規定があった）のそれぞれにおいてありました。また、華族・士族・平民からなる身分制度も存在していました。

日本国憲法における**包括的平等規定**は14条1項（すべて国民は、法の下に平等であつて、人種、信条、性別、社会的身分又は門地により、政治的、経済的又は社会的関係において、差別されない）です。その他の個別的平等規定として、貴族制度の禁止（14条2項）、特権を伴わない栄典の授与（14条3項）、選挙権・被選挙権の平等（15条3項、44条）、家族生活における両性の平等（24条）、教育の機会均等（26条1項）がありますが、ここでは14条1項について見てみましょう。

差別禁止事由として列挙されているのが、①人種、②信条、③性別、④社会的身分（諸説ありますが、ここでは「自分の意思や能力とは無関係に、出生によって決定される社会的な地位または身分」としておきます）、⑤門地（家柄のこと）ですが、それではこれら①～⑤以外の属性による差別はOKなのかというと、もちろんそうではありません。①～⑤は、例示ではありますが、歴史的・社会的に深刻な差別を引き起こしてきたものでもあることから、特に注意が必要ということです。「歴史的」という言葉から「昔は大変だったんだな」の一言で片付けないように。憲法に規定されることは、平等実現へのスタート地点に立ったにすぎません。そこから、個別具体的な分野における差別的法令の洗い出しと、社会改革が始まるのです。現在はまだその途上の段階です。

3　平等の難しさ

「平等って何？」と聞かれたらどう答えますか。意外に苦労するのではないでしょうか（「差別のないこと」というだけでは、当然不十分です）。実は平等には二通りの考え方があって、その違いを知っていないと、平等について語ることは難しいでしょう。

まず基本となるのは、①**形式的平等**です。これは「すべて個人を法的に均等に扱い、その自由な活動を保障すること」で、機会の平等を意味します。既述のフランス人権宣言が制定された当時の平等はこちらの意味でした。但し、これには限界があります。というのも、社会の全構成員が同じ位置に立って一斉にスタートできるなら、チャンスを均等に与えるだけで十分ですが（あとは各自の努力の問題）、実際はそうした都合のよい条件など整っていないからです。恵まれた環境にある人もいれば、スタート地点から（本人の責任ではなく）出遅れた状況の人もいます。

そこで、①を修正するものとして、②**実質的平等**という考え方が後年登場します。こちらは、「社会的・経済的弱者に対して、より厚く保護を与え、それによって他の人々と同等の自由と生存を保障すること」で、結果の平等を目指すものです。結果の平等とはいっても、優遇される弱者の中で努力する者もしない者も同時にゴールできることまで保障するものではないことにご注意ください。

①と②について、日本の税制を例にあげてみましょう。消費者全員に同一の税率を課す消費税（→本書2部18章）は①、所得の多少で課税率が異なる累進課税制度（税率は5%～45%の7段階）の所得税は②の考え方に基づいています。

ここで注意しておきたいのは、①と②のどちらか一方が正しいというわけではないことです。どちらも必要なのですが、平等の本当の難しさは、両者のバランスを現実の社会でどうとっていくかということにあるのです。今の日本において、格差や貧困が社会問題化していますが、その根底にはこれらのバランスが上手くとれていないことが考えられます。先述の税制を例に検討してみてください。

4　差別の解消に向けて

現実に存在する「差別」は実に多種多様であり、それらを簡単に解消できる万能薬があるわけでもありません。ただ、ここでは差別のタイプに応じたいくつかの解消方法について確認しておきましょう。まず、①**制度的差別**です。これに対する差別の解消方法は、個別具体的な法制度の整備です。立法機関を動かすだけの世論構築が重要となります。

つぎに、②**社会的差別**ですが、これには、②-ⓐ心理的差別と、②-ⓑ実態的差別があります。②-ⓐの例としては、予断や忌避意識などの差別意識がありますが、これを解消するには地道な啓発・教育活動によって人々の意識に働きかけをするしかありません。また、②-ⓑの例としては、教育や就労などにおける実質的不平等（たとえば、2018年に発覚した、医大における女性受験者冷遇問題など）があり、こうした差別には社会に根付いた（悪しき）常識や慣例が作用していることが多く、差別をする個人レベルの問題に還元できません。差別解消には、そうした「常識」を打ち破るある種の「劇薬」が必要となる場面も出てきます。**積極的差別解消措置**（アファーマティブ・アクション／ポジティブ・アクション）はそのひとつの方策ですが、その積極性（劇薬度）が高いほど、従来型の社会との軋轢（逆差別の問題など）が生じることもあります。

自分とは違うものに対する本能的なおそれ（？）から同族コミュニティ内に安住して外に目をむけない、前例を踏襲していれば間違いないなどという生き方が、今日の多様性社会にそぐうものなのか、一人ひとりに問いかけられていると思います。

読んでほしい本など

・植上一希 = 伊藤亜希子編『日常のなかの「フツー」を問いなおす——現代社会の差別・抑圧』（法律文化社、2018年）

（松原幸恵）

第8章 思想・良心の自由と学問の自由

1 精神的自由権がない社会

憲法上の基本的人権の一分類として大別される自由権（国家から介入されない自由）のなかには、精神的自由権と呼ばれるものがあります。日本国憲法は、精神的自由権として①思想・良心の自由（19条）、②信教の自由（20条）、③表現の自由（21条）、④学問の自由（23条）を保障しています。

社会を構成する一人ひとりがひとつの人格を持つ個人として尊重されるためには（憲法13条）、心のなかでさまざまな事項について自由に考えることができ（憲法19条）、自らの意思に応じてそれを外面に表すことが認められる（憲法21条）社会になる必要があります。そういう社会でなければ、その時々の**公権力の思惑**を反映した考え方が一方的に押し付けられ、その価値観に基づいて形成される社会に従って生きることが美徳であるかのような風潮がはびこっていきます。

最初はそうした風潮が窮屈に思えても、「上に逆らわないこと」に徐々に慣れさせられていくと、政府が人々の生命を危険にさらしかねない戦争準備をしたり、実際に戦争をはじめたりしても何も感じなくなります。さらには、上から押し付けられた価値観を積極的に支えるようにすらなるのです。その結果、多くの犠牲を生む体制に受動的または能動的に加担することになります。こうした観点から、精神的自由権は独裁国家になることを阻み、**平和な民主的社会**をつくるために欠かすことができないものと考えることができるでしょう。

以下では、思想・良心の自由と学問の自由について説明します。

2 思想・良心の自由の保障内容と課題

(1)思想・良心の自由の保障内容

精神的自由権の基礎を形づくるのが思想・良心の自由です。思想・良心の自由があってこそ、表現活動や学問の探求などを進めていくことができるからです。また、大日本帝国時代に治安維持法などを用いて激しい**思想弾圧**がなされたことから（→本書２部10章）、精神的自由権に関する規定の最初に思想・良心の自由がおかれています。

「思想」と「良心」の間には大きな違いはありません。いずれも個人の**内面的な価値観や考え方、生き方**などを指し、それらがいかなるものであっても内面にある限り、公権力が禁止したり、他の考え方を持つように強いたりすることは絶対に認められません。思想・良心に応じて、公権力が不利益な取扱いをすることも許されません。また、個人には**「沈黙の自由」**もあります。具体的には公権力に対し、自分の思想・良心の内容または特定の思想を支持していないことを伝える行為を強いられないことを意味します。直接的に問いただすことだけが告白の強要になるわけではありません。非直接的な質問を重ねながら、個人の思想・良心を推知しようとすることも、沈黙の自由においては認められません。

(2)思想・良心の自由に基づく外部的行動をどう考えるか

では、思想・良心が内心のうちにある限りは自由であったとしても、それに基づいて**外部的行動**（この場合、思想・良心に反することを理由に、特定の行動を行わないことも含む）を起こすことについては、どう考えるべきでしょうか。誰しも自分の思想・良心にあわないことを強いられると苦痛を感じるものです。とりわけ、確信的に従いたくない気持ちを有する事項を強いられれば、なおさらその苦痛は大きくなるでしょう。この点につき、公教育の現場を例にして考えてみましょう。

1989年の文部省(現文部科学省)の改訂学習指導要領のなかに、入学式や卒業式などで「国旗」（日の丸）を掲揚し、「国歌」（君が代）の斉唱を指導することが盛り込まれました。これに対し、教職員から日の丸や君が代は大日本帝国の軍事主義や天皇主権に密接に結びついたものとして、掲揚や斉唱の強制に強い懸念を示す声が出されました。当時はまだ**「国旗及び国歌に関する法律」**（1999年）はありませんでした。その後の同法の審議過程では、国旗掲揚や国歌斉唱の義務は課せられない、そうした行為は考えていない旨の政府答弁（当時の内閣法制局長官や内閣総理大臣）などがなされました。

しかし、実際に同法が施行されると、公立学校の入学式や卒業式では掲揚や斉唱が強く求められるようになりました。自治体のなかには、学校行事での国旗掲揚と国歌斉唱時の国旗に向かっての起立を職務命令として出すことを校長に命じるところも出てきました。それを受けて出された職務命令に従わなかった教職員が処分されたり、再任用を拒否されたりしました。処分を受けた教職員は、職務命令などが思想・良心の自由を侵害するとして、損害賠償請求などの訴訟を提起しましたが、そのいずれにおいても憲法違反にあたらないという司法判断が出されています（処分の一部を裁量権の逸脱として取り消した判断もある）。

これらの司法判断は、国旗掲揚や国歌斉唱などを一律に強いられ、精神的苦痛を感じただけでなく、職務命令に従わなかったことを理由に処分された人々を救済するものにはなりませんでした。この例が示すように、自らの信念で外部的行動を起こした人々が何ら救済されない状況が続けば、思想・良心の自由は形骸化されていくでしょう。そうなれば処分をおそれて、体制に**ものをいわない人々**を作り出すことにつながります。苦痛を強いられている個人の救済だけでなく、自由で民主的な社会を構築する観点からも国旗・国歌強制問題を考える必要があります。

もう一点、外部的行動に関連するものとして、徴兵制についても言及しておきます。大日本帝国時代と違い、日本には徴兵制がありません。それは、①憲法９条が戦争や武力行使などの放棄、戦力の不保持および交戦権の否認を、また②同18条が奴隷的な拘束や苦役（正式な手続を通して科せられる処罰を除く）からの自由を規定していることに加え、③憲法上、軍事組織への入隊を一律に義務づける規定もなく、そのような義務は④同13条の国民の自由・生命・幸福追求の権利や、⑤同19条の個人の思想・良心を侵害することになりかねないからです。この例からは思想・良心の自由が９条などとともに、現行憲法の平和主義を体現する効果を発揮しているということもできるでしょう。

3 学問の自由

学問の自由とは、①学問研究の自由、②研究成果を発表する自由、③教授の自由（大学などの高等教育機関の教員は全面的に自由、小中高等学校の教員は一定の制約を受ける）、および④大学の自治（研究教育内容、人事、施設管理など）を意味します。学問の自由もまた、大日本帝国時代に公権力が大学の研究や教育に大きく介入したことへの反省に基づいて導入されました。歴史が語るように、研究は公権力による介入や弾圧を招きやすいため、公権力の思惑にからめとられ、それに追従させられないようにするためにも、学問の自由の保障が求められるのです。なお司法も憲法26条（教育を受ける権利など）および同13条（個人の尊重）に鑑み、「子どもが自由かつ独立の人格として成長することを妨げるような国家介入」については認められないと判断しています（旭川学力テスト事件最大判1976年5月21日）。

学問の自由を担保する手段の一つとして、「日本学術会議法」（1948年）の下で「科学者の内外に対する代表機関」（２条）として**「日本学術会議」**が設置されています。科学の向上発達、および行政・産業・国民生活への科学の反映浸透を活動目的（同条）とし、独立して関連職務（科学に関する重要事項の審議など）を行っています（３条）。会員については同会議が候補者を推薦し、内閣総理大臣がそれに基づき任命することになっています（７条２項、17条）。2020年９月末、菅義偉首相（当時）が候補者のうち６人の任命を除外する事件が起きました。具体的理由は説明されていませんが、会員選出における同会議の推薦を無視するものであり、学問の自由を侵害しかねないといえるでしょう。

また2023年12月に、国立大学法人法が改定され（一部を除き2024年10月1日施行）、一定規模の国立大学には運営方針会議が設置されなければならなくなりました（21条の3）。中期目標や中期計画、予算や決算は同会議が決定しますが（21条の5）、委員として学外者が就任することが考えられるため（21条の4）、外部からの介入を懸念する声があがっています。

読んでほしい本など

・斉加尚代『教育と愛国－誰が教室を窒息させるのか』（岩波書店、2019年）

（清末愛砂）

第9章 信教の自由と政教分離原則

1 信教の自由と政教分離原則の沿革

「宗教」と聞いて、みなさんの中には、何やら怪しいものあるいは自分とはかかわりのないものと感じる人もいるかもしれません。しかし、歴史を振り返ると、個人の信仰が自由であることが近代の人権の確立において、とても重要な意味をもちました。中世のヨーロッパでは、宗教上の対立が悲惨な戦争（**宗教戦争**）をもたらし、国家と宗教との結びつきが過酷な宗教弾圧を引き起こしました。このような苦い経験を踏まえて、近代国家では**信教の自由**が保障されるようになり、このことが思想、表現、学問など、他の精神活動の自由を確立する基盤にもなったのです。

大日本帝国憲法は、「日本臣民ハ安寧秩序ヲ妨ケス及臣民タルノ義務ニ背カサル限ニ於テ信教ノ自由ヲ有ス」（28条）と定め、信教の自由を一応保障していました。しかし、「万世一系」の天皇（1条）を中心とした国家体制を形成する過程において、天皇の祖先を祀る神道が利用され、神宮・神社は公法人、神官・神職は官吏とされるなど、神道が事実上国教化されました。政府は「神社は宗教にあらず」として、これを憲法上正当化し、国民には「臣民タルノ義務」として神社参拝が強制され、これに反発する他の宗教は弾圧されました。神社の中でも、天皇のために命を捧げた戦死者を神として祀る**靖国神社**は、国民を戦争に動員する精神的装置でした。

戦後、GHQの**「神道指令」**（1945年12月）により、このような**祭政一致の国家神道体制**は解体され、日本国憲法は、信教の自由を完全に保障し、**政教分離原則**に関する詳細な規定を置くことになりました。

2 信教の自由の保障内容と限界

信教の自由（憲法20条1項前段）には、**①信仰の自由**、**②宗教的行為の自由**、③

宗教的結社の自由が含まれます。具体的には、①は信仰をもつ自由と信仰の告白の自由、②は宗教上の儀式や布教を行う自由、③は宗教団体を結成し、加入する自由や、宗教団体が団体としての意思を形成し、その活動に干渉を受けない自由を保障します（③に関する法律として後述の宗教法人法があります）。また、他の自由権と同様に、①から③は、いずれも**消極的自由**（「～しない自由」）も保障します。憲法20条2項は、歴史的経緯を踏まえて、②の消極的自由を明示的に保障しています。

では、信教の自由の限界はどのように考えればよいでしょうか。この点、①は内心における自由のため、どんなに邪悪な宗教の信仰であろうとも、絶対的に保障されます。これに対し、②と③は、他人の権利や利益を侵害するなど、**「公共の福祉」**（憲法13条）に反する場合には、刑罰の適用を含め、一定の制限を受けます。

宗教法人法は、一定の要件を満たした宗教団体に**法人格**（法律上の能力）を与える仕組みを定めていますが、宗教法人が「法令に違反して、著しく公共の福祉を害すると明らかに認められる行為」や「宗教団体の目的を著しく逸脱した行為」をした場合などには、裁判所が**解散**（法人格の剥奪）を命じることを認めています（81条）。**オウム真理教解散命令事件**（最一小決1996年1月30日）では、地下鉄サリン事件などを引き起こしたオウム真理教に対する解散命令が信者の信教の自由を侵害しないかが争われましたが、最高裁は、解散命令の制度の目的は世俗的であること、解散命令によって対処する必要性と適切性があること、信者の宗教上の行為に対する支障は間接的で事実上のものにとどまることなどを根拠に、合憲と判断しました。

これまでに法令違反を理由に解散命令が確定した他の事例は、教団幹部が詐欺事件で有罪となった明覚寺の事例（2002年）のみでしたが、2023年10月に文部科学省は、東京地裁に**旧統一教会**（世界平和統一家庭連合）に対する解散命令の請求を行いました。理由は、信者が長期間にわたり継続的に多数の人に対して正常な判断が妨げられる状態で献金や物品の購入をさせ、多額の損害を被らせ、生活の平穏も害してきたが、これは教団の行為と言え、民法上の**不法行為**（709条）にあたるというものです。これまでの2件との違いは、旧統一教会の場合は、教団の**民事責任**を認める判決は数十件存在するものの、**刑事責任**を認めた判決はないという点です。献金等は宗教的行為と密接にかかわるため、従来、政府は民事責任があるというだけでは解散命令の対象とはしない立場をとってきましたが、「法令違反」に民事法上の違法を含めて解釈することは不可能ではありません。教団側は、組織性・悪質性・継続性はなかったと主張しており、裁判所の判断が注目されます。

3 政教分離原則の内容・法的性格・意義

日本国憲法は、政教分離原則の内容として、①宗教団体への特権の付与と宗教団体による政治上の権力行使の禁止（20条1項後段）、②国とその機関による宗教教育その他の宗教的活動の禁止（20条3項）、③宗教上の組織・団体に対する公金支出と公の財産の利用提供の禁止（89条）を定めています。

①の「特権」は、一切の優遇的地位・利益を指しますが、宗教法人への非課税措置は、他の公益法人にも認められているため、特権にはあたらないとされてきました。「政治上の権力」とは、立法権や課税権などを指し、政治活動そのものではありません。②については、禁止される国の「宗教的活動」とは何かが争点となってきました（後述）。③は、国と宗教の分離につき財政面から定めたものです。

これらの政教分離原則の規定は、信教の自由そのものを直接保障するものではなく、国家と宗教の分離を**制度**として保障することで、間接的に信教の自由を確保するためのものであると一般に理解されています。しかし、政教分離には、個人の信教の自由の確保に加え、宗教の腐敗堕落の防止や、宗教による政治支配の防止、（特に日本では）宗教の戦争利用の防止などの複合的な意義があります。その点で、政教分離原則は、**民主主義**の維持や**平和主義**の確立とも密接に関連しています。

4 政教分離原則に関する諸問題

日本国憲法の制定により、戦前の国家神道体制と決別したはずの日本ですが、政府や政治と宗教（特に神道）とのかかわりあいが問題となる事例は、その後も生じています。その背景には、戦後も（象徴）**天皇制**が維持され、神道にもとづく**宮中祭祀**が存続していることやそれに起因する戦前的意識の継続、政治家の憲法遵守意識の低さ、国民の宗教に対する関心の低さなどの要因があると思われます。

政教分離原則が問題となる事例には、大別して、①国が自ら宗教的活動を行う場合と②国が私人の宗教を支援する場合があります（国には地方自治体も含まれます）。

①については、市が体育館の起工にあたり神式の地鎮祭を行ったことが問題となった**津地鎮祭訴訟**（最大判1977年7月13日）で、最高裁は、「宗教的活動」とは、

その目的が宗教的なもので、その効果が宗教を促進または圧迫するものであるとし**(目的・効果基準)**、地鎮祭の目的は工事の安全を祈願する世俗的なもので効果も神道を促進したり他の宗教を圧迫したりしないとして、政教分離原則に反しないと判断しました。また、中曽根康弘・小泉純一郎・安倍晋三首相による**靖国神社参拝**も、神社の性格上、平和国家としてのあり方を含めた大きな問題です。最高裁は一貫して参拝にともなう具体的な権利・利益の侵害が生じていないとし、憲法判断に踏み込まずに訴訟を終わらせています（最二小決2017年12月20日など）。一方、下級審では傍論で参拝の違憲性を指摘するものもあり（大阪高判2005年9月30日など）、憲法の**最高法規性**の砦たるべき最高裁の姿勢が問われます。安倍元首相の**国葬**の実施（2022年9月）は、手続的問題（直接的法的根拠の欠如、内閣の単独判断、予備費からの支出など）に加え、事実上の慰霊・弔意の強制につながり**信仰の自由や思想・良心の自由**（憲法19条）を侵害しないか、（無宗教形式で行われたとはいえ）慰霊的要素を含みうる行為の実施が政教分離原則に反しないかが問題となりえます。

②については、県知事による靖国神社と県護国神社の重要祭祀への公金支出を違憲とした**愛媛玉串訴訟**（最大判1997年9月4日）、市有地を無償で神社に提供したことを違憲とした**空知太神社訴訟**（最大判2010年1月20日）、孔子の霊を祭る孔子廟に市有地を無償提供したことを違憲とした**孔子廟訴訟**（最大判2021年2月24日）などの重要判決があります。

安倍元首相の殺害を契機に、クローズアップされた**旧統一教会と政治家との密接なかかわり合い**も政教分離と関係します。まず、宗教団体が政治活動や選挙活動を行い、政治に参加すること自体や、政治家が宗教団体とかかわること自体が政教分離に反するとまではいえないでしょう。しかし、政治家が（選挙での見返りを期待するなどして）特定の宗教団体に対して**「お墨付き」**を与えるような行為をすることは、**「特権」の付与**（憲法20条1項後段）として禁止されるべきではないでしょうか。旧統一教会の事例では、安倍元首相や官僚などが集会で挨拶などをしていましたが、こうした行為は教団にお墨付きを与える効果を持ちえます。特に旧統一教会の場合は、高額な献金や霊感商法で多額の被害をもたらしてきたとされる団体だけになおさら問題ですが、仮にそのような団体でなくても、問題といえるでしょう。

読んでほしい本など

・島薗進『政治と宗教——統一教会問題と危機に直面する公共空間』（岩波書店、2023年）

（青野　篤）

第10章　表現の自由

1　表現の自由の意義

日本国憲法21条1項は「集会、結社及び言論、出版その他一切の表現の自由」を保障しますが、表現の自由がなぜ大事なのか、その理由はいくつかあります。1つは、人間の本質から見た側面です（**自己実現の価値**）。個々人が人格形成をするにあたり、外からの情報を一切遮断して自分だけの力で成長するのはなかなか難しいものです。他者との交流や、さまざまな情報の取捨選択を通じて、人間は成長していきます。また、そうした人々がそれぞれ持っている意見や情報が、社会の中で自由に循環すること（**思想交換の自由市場**）で、社会の発展も期待できます。

さらに政治の仕組みから見た側面もあります（**自己統治の価値**）。国民主権の体制下で、政治的意思決定の主役は国民です。直接民主主義（憲法改正国民投票など）にしろ、選挙を通じた間接民主主義にしろ、国民は賢い選択を求められていますが、そうした場面で偏った情報しか与えられていなければ、私たちは妥当な判断を下すことができなくなってしまいます（→本書2部3章）。この側面との関連で、報道の自由（およびその前提としての取材の自由）はたいへん重要な意味を持っています。

2　表現の自由の制限

このように私たち市民にとってたいへん重要な意義を持つ表現の自由ですが、権力者の立場からするとこれほど邪魔なものはありません。なぜなら、社会に出回る情報の中には、権力者にとって都合の悪い情報もありうるからです。世論の動向次第で権力者の牙城が崩れ去ることは、よくある話です。そうなれば警戒されるのも当然で、古今東西、表現の自由は、国家権力からなにかと目の敵にされてきました。もちろん日本も例外ではありません。大日本帝国憲法29条では、臣民の権利としてではあるものの、一定程度の表現の自由が保障されていましたが、「法律ノ範囲内ニ於テ」の文言（法律の留保）が悪用されて、一連の法律（たとえば、治安維持法など）によって骨抜きにされた歴史があります。このように、表現の自由は、その重要性とは裏腹に、国家権力からの厳しいプレッシャーに晒され続ける、常に危険と隣り合わせの権利といえます。

さらに、表現の自由は、対外的な性格をもちますので、絶対無制限とはなりません（→本書2部6章）。他人を傷つけたりすることのないように、「ある程度の」制限を受けるのはやむを得ない側面があります。どのような表現が制限の対象となるのか、いくつかの例を紹介します。

①**名誉毀損の表現**　ネット社会において、名誉毀損的表現の拡散は深刻な被害を招きかねないことに注意が必要です。制限方法としては、民事・刑事の2種類あります。民事としては、名誉毀損された者の損害賠償請求権を保障することです（民法710条）。刑事としては、名誉毀損罪という犯罪として規制する方法です（刑法230条。但し、親告罪）。それでは、政治家の不行跡を明らかにした記者は犯罪者になるのでしょうか。間接民主制を採用する社会において、よい政治家を選ぶことは必須条件である以上、こうした表現が規制されるのは民主主義の劣化を招きます。そこで、刑法230条の2は、公共の利害に関する場合の特例を設けて、公共性、公益性、真実性のある言論を罰しないとしています。

②**プライバシー侵害の表現**（→本書2部6章）

③**わいせつ表現**　刑法175条は、わいせつ物頒布・陳列・販売等を犯罪として禁止しています。①②が規制されるのは、それによって個人が傷つけられないようにするためですが、③を規制するのはどのような理由からでしょうか。『チャタレイ夫人の恋人』事件（最大判1957年3月13日）で、最高裁は、「わいせつ」を「徒に性欲を興奮又は刺戟せしめ、且つ普通人の正常な性的羞恥心を害し、善良な性的道義観念に反するもの」と定義しました。すなわち、善良な性道徳の保護が目的とされたのですが、この具体的な内容ははっきりしていません。他の規制理由としては、青少年の保護や性差別の防止があげられます。

④**ヘイトスピーチ**　憎悪表現とも言いますが、特定の集団（人種、民族、性的指向など）に対する誹謗・中傷を中心とした差別的表現のことです。どこまでをヘイトスピーチとするのか、規制には注意を要しますが、近年の日本でも、在日コリアンに対する激しい暴言が一部で展開されて、対象集団に不安感をもたらすだけでな

く、個人の尊重や平等原則に抵触し、社会の分断にもつながりかねないことが危惧されます。2016年、罰則なしの「本邦外出身者に対する不当な差別的言動の解消に向けた取組の推進に関する法律」（ヘイトスピーチ対策法）が制定される一方、罰則付きの条例を可決する自治体も出てきています。

表現内容それ自体ではなく、表現の方法や時・場所が制限を受ける場合もあります。たとえば、デモ行進をするための公道使用については、公安条例により警察の許可（届出ではない）が必要とされ、選挙運動は公職選挙法による規制を受けます。これらの規制については、そのやり方が適切かどうか議論する必要があります。

3 表現の自由の「優越性」と違憲審査の判定基準

表現の自由は、その重要性から「優越性」を持つといわれます。その理由は、表現の自由が崩れ去ると、他のさまざまな権利侵害が起こってもそれを言論等によって訴えることができず、救済の道が閉ざされるからです。そのため、表現の自由が制限される場合には、それがやむを得ないものなのか慎重に判断しなければなりません。

違憲審査の判定基準に**「二重の基準論」**（表現の自由をはじめとする精神的自由権を制限する法令の合憲性を審査する場合には、その重要性に鑑みて、経済的自由権を制限する法令の合憲性を審査する場合に比べて、より厳格な基準を用いるべきであるという考え方）というものがありますが、ここでいう「より厳格な基準」には、①事前抑制の禁止の法理、②明確性の原則、③ LRA（Less Restrictive Alternatives, より制限的でない他の選びうる手段）の基準があります。

①との関連で、**検閲**について述べておきます。一般的な表現の自由規定（21条1項）に加えて、同2項にわざわざ検閲の禁止が盛り込まれたのは、戦前の反省からです。しかし、（関税法69条の11第1項7号で「風俗を害すべき書籍」等を輸入禁制品とする）税関検査や教科書検定制度など、検閲該当性が指摘されるものもあります。税関検査違憲訴訟（最大判1984年12月12日）における最高裁の検閲の定義（行政権が主体となって、思想内容等の表現物を対象とし、その全部又は一部の発表の禁止を目的として、対象とされる一定の表現物につき網羅的一般的に、発表前にその内容を審査した

上、不適当と認めるものの発表を禁止することを、その特質として備えるもの）が狭い点が問題となります。

②についてですが、立法が表現行為を規制する場合、明確さを要します。なぜなら、なにが規制されるのかはっきりしなければ、市民は安心して表現活動が行えなくなるからです。曖昧な規制は、表現の**萎縮効果**を招きます。そうした効果について、深刻には受け取られないことが多いので、なかなか厄介なのです。表現の自由が権力者からの嫌われ者であることは前述しましたが、あからさまに制限をかけなくても、萎縮効果によって市民が自粛してくれることを期待するような兆候がないか注意が必要です。

③も非常に重要です。表現行為を規制する「手段」が問われなければ、過激な規制方法がとられてしまうかもしれないからです。

4　表現の自由の危機と打開を求めて

近年気になる動きが出てきています。公共の美術展などで、政治的メッセージ性のある作品が撤去、変更されることがたびたび起こっているからです。撤去等の理由としては、メッセージに対する反発の声への「配慮」のようですが、力ある者の「大きな声」にだけ配慮するようでは、偏った言説が社会に蔓延することになります。小さき声（それが集まってやがて大きな声となる）をあげる勇気が社会の構成員に求められています。

読んでほしい本など

・山田健太『法とジャーナリズム〔第4版〕』（勁草書房、2021年）

（松原幸恵）

第11章 経済的自由権

1 就活と経済的自由権

みなさんの中には自分が将来働く業種や会社を見つけるために、大学1、2年の頃から様々なインターンシップに参加している人もいるかもしれません。また、希望の業種や会社であったにも関わらず、全国展開している企業で転勤も多数あることがわかったことから、住み慣れた地域に残りたいために、内定辞退した人もいるかもしれません（この言葉から、リクルートが学生の内定辞退率を企業に販売していた「リクナビ問題」を思い浮かべたらお許しください）。実は、これらの話は経済的自由権と位置づけられる、職業選択の自由や居住移転の自由（憲法22条）の話が関係します（後者は、本書1部2章4が関係）。ここでは、経済的自由権について概説した後、職業選択の自由の話を中心に紹介していきたいと思います。

2 経済的自由権

日本国憲法では、経済的自由権に関する2つの条文（22・29条）があります。

（1）22条

22条ではまず1項で「何人も、公共の福祉に反しない限り、居住、移転及び職業選択の自由を有する」と規定しています。**居住移転の自由**は、①自分自身の住みたい場所に住所・居所を定めたり、移住する自由、②自分自分の意思に反して居住地を移されることのない自由を意味します（一時的な旅行も含みます）。ただし、「公共の福祉」による制限として、たとえば、破産者の居住地滞在義務（破産法37条）、親権者による未成年者に対する居住指定（民法822条）や夫婦同居義務（民法752条）、被告人の住居制限（刑事訴訟法95条）などがあります。

続く2項では、**外国移住の自由と国籍離脱の自由**が規定されていますが、海外旅行の自由は外国移住の自由に含まれると解するのが通説です（この点、一般旅券の発給を制限する旅券法13条1項7号が問題になりました）。また、国籍離脱の自由は、兵役義務が規定されていた明治憲法下では政府の許可が原則必要でしたが、日本国憲法下では、国民自身の一方的な意思により国籍を離脱することが可能であるとされています（無国籍の自由ではない。この他、重国籍をめぐる議論もあります）。

（2）29条

憲法29条1項は、「財産権は、これを侵してはならない」と規定していますが、この規定は国が国民の財産を勝手に取り上げないようにするフランス人権宣言17条「所有は神聖不可侵の権利」の系譜にあると考えられます。しかし、資本主義社会の発達により登場した社会的経済的弱者保護などの観点から、29条2項は、「財産権の内容は、公共の福祉に適合するやうに、法律でこれを定める」と規定し、財産権とは絶対不可侵のものではなく、法律（条例も含む）により、制約されることがあるとされたのです。さらに、29条3項は、「私有財産は、正当な補償の下に、これを公共のために用ひることができる」と規定し、公共のために事業（学校、ダムや高速道路などの建設）を行う場合、強制的に財産権を収用できるとしているのです。ただ、財産を取り上げられた個人は特別の犠牲を強いられることになるので、損失補償について規定しているのです。この点、補償に関しては相当補償説（ある程度の補償）と完全補償説の考え方があります。

3　なぜ経済的自由権が憲法に位置づけられたのか

経済的自由権が憲法に位置づけられた理由は歴史的経緯にあります。ここでは、22条1項の話を中心に考えてみたいと思います。封建制社会の下では、土地を基盤とした身分制度が存在していました。人々は身分によって職業が振り分けられていましたし、武士の子どもは武士、農民の子どもは農民と子々孫々もその身分を受け継いだのです。それと同時に、農民はその土地に縛り付けられ、各領地には境界が設定されていたため、彼らは自由に移動することができませんでした。

したがって、これらの憲法の規定は、土地と身分から個人を解放することによって、このような不自由をなくし自由な経済活動を保障するものと考えられてきました。

ただ、これらの自由は経済的側面だけを持つものとはいえません。たとえば、居住移転の自由は、「身体の拘束を解く意義をもっているので、自由権の基礎とも言うべき人身の自由とも密接に関連」すると言えますし、「広く知的な接触の機会を得るためにもこの自由が不可欠であるところから、……精神的自由の要素もあわせもっている」と複合的性格を持つものと考えられているからです（芦部信喜著・高橋和之補訂『憲法〔第八版〕』〔岩波書店、2023年〕252－253頁）。

4 職業選択の自由とは

ここでは、職業選択の自由を取り上げたいと思います。この自由は、①自分自身の選択に従ってどのような職業につくかは自由であることだけにとどまらず、②その選択した職業を行っていく自由（営業の自由）も保障されるとされています。無論、この自由は人格の形成にも重要な役割を担います。

ところで、みなさんの中にはドラマに憧れてお医者さんになりたいと思った人もいるかもしれません。しかし、専門的知識や技術がない人でもこれらの仕事につくことができてしまったら、患者さんはどうなるでしょうか。その他にも、料理を作ることが好きな人の中には将来お店を持ちたいと思っている人もいるかもしれません。しかし、誰でも彼でも好き勝手に営業できてしまったら衛生面に気を遣わない食中毒発生も当たり前のお店が出てくる可能性はないでしょうか。要するに、職業選択の自由といっても、国民の生命や健康への危険を防止する目的で課される規制（消極目的規制）や社会政策や経済政策として、社会的経済的弱者を保護するために行う規制（積極目的規制）といった一定の制約があり、前者を厳しく審査する立場を最高裁は従来とってきました（規制目的二分論）。以下は営業の自由に対する規制を一覧にしてみました。

① 登録がいるもの（旅行業や毒物劇物営業など）

② 届出がいるもの（理容業やクリーニング業など）

③　個別の許可がいるもの（風俗営業・飲食業など）

④　国家試験などの合格が必要なもの（税理士・薬剤師など）

⑤　特許が必要なもの（電気、ガスなど）

⑥　国営企業以外の者に営業を許さないもの（下水道や競馬事業など）

ただ、この自由を真に実現するには、今もいくつものバリアが存在していることもふまえておく必要があります。例えば、かつての司法試験は点字受験が認められていませんでした。人権問題で幅広い活躍をされている竹下義樹弁護士は、自身が全盲であることから、２年にわたって法務省に働きかけた結果、それが実施されるようになりました。また、2018～19年頃、東京医科大学や順天堂大学などの医学部受験にて、一部の男性受験者に加点し合格にさせ、女性や高校卒業からの経過年数という属性を理由に不合格にした不正入試が発覚しました。これらの事例以外にも、類似事例がないか、ぜひ検討してみてください。

5　自民党憲法改正草案との関係など

自民党が2012年に出した「自民党憲法改正草案」22条は「何人も、居住、移転及び職業選択の自由を有する」とし、現行憲法が規定する「公共の福祉に反しない限り」という文言を削除しています。このような改正が成立した場合、現在でも大企業有利な経済政策が進められている上に、より一層、経済社会が弱肉強食の様相を帯びることになり、資本がたんまりある大企業有利な社会にならないでしょうか。そのような社会では社会的経済的弱者は簡単に切り捨てられていくことになると思われます。また、29条1項は「侵してはならない」が「保障する」、29条2項は「公共の福祉に反しない限り」が「公益及び公の秩序に適合するように」に置き換わっています（ちなみに、知的財産権配慮の規定も追加されています）。かなり抽象的な文言であるため、その時々の権力側の都合で「国益のためにあなたがたは無償で立ち退いてください」ということにならないでしょうか。ちなみに、戦時中は戦争の道具にするために台所用品などあらゆる生活品が国に取り上げられました。この点、みなさんはどう考えるでしょうか。

（榎澤幸広）

第12章　生存権と労働権

1　社会権の沿革と性質

18世紀末の市民革命により生まれた近代憲法では、**封建制**の否定のため、**自由権**、特に**経済的自由権**が重視されました。これに対して、社会的・経済的弱者に人間らしい生活を保障するための**社会権**は、自由な経済活動が不可避的にもたらす貧富の差の拡大や失業などの社会問題への対応として、**ワイマール憲法**（1919年）で登場し、その後20世紀後半になって日本を含む多くの国で保障されるようになりました。日本国憲法では、**生存権**（25条）、**教育を受ける権利**（26条）（→本書２部13章）、**勤労権**（27条）、**労働基本権**（28条）が社会権にあたります。日々過酷な生活や労働を強いられたり、十分な教育を受けられなかったりして、人として生きる条件が奪われるような状況下では、自由権も絵に描いた餅にすぎません。

社会権は、そのような**人間的生存の条件**の確保を求めて、国に一定の制度の構築やサービスの提供を求める性質があり、その点で、国による不当な干渉や妨害を排除する性質をもつ自由権とは異なる性質をもっています。そのため、社会権の保障には、自由権と比較して、立法府や行政府の裁量（**立法裁量・行政裁量**）が認められる範囲が広いことは否定できませんが、そのことは決して憲法上の保障を無意味にするものではありません。国には、社会権を具体化する制度の構築や社会権の制約にあたっては、実態を踏まえた丁寧な判断が求められます。

2　生存権

(1)生存権の保障と社会保障制度

憲法25条１項は、**「健康で文化的な最低限度の生活を営む権利」**である生存権を保障し、２項は国に生存権の実現に努める義務を課しています。これを受けて、現在、①**社会保険**（年金保険、医療保険、介護保険、労災保険、雇用保険）、②**社会福祉**（児童福祉、母子・寡婦福祉、障害者福祉、老人福祉）、③**公的扶助**（生活保護）、④**保健医療・公衆衛生**の各分野からなる**社会保障制度**が構築されています。

(2)「健康で文化的な最低限度の生活」とは？

生存権が保障する「健康で文化的な最低限度の生活」とは、具体的にどのような生活でしょうか。人間が生物として生きていけるギリギリの生活ではないことは確かですが、その内容を客観的に確定することは可能でしょうか。

学説では、①客観的な確定は困難であるため、生存権は権利ではなく、国の政治的指針にすぎないとする**プログラム規定説**、②生存権は権利であるが、国に何らかの請求をするためには法律による具体化が必要であるとする**抽象的権利説**（多数説）、③憲法から直接具体的な請求権が認められるわけではないが、客観的な確定はある程度可能であり、生存権を保障する法律がない場合や不十分な場合は、違憲の確認を裁判所に求めることができるとする**具体的権利説**などがあります。

判例では、厚生大臣（当時）が定めた生活保護基準（入所入院患者の日用品費月額600円）が低額すぎるとして争われた**朝日訴訟**で、最高裁は、「健康で文化的な最低限度の生活」が抽象的な相対的概念であるとして、行政裁量を広く認める立場をとりました（最大判1967年5月24日）。その後、児童扶養手当と障害福祉年金の併給を禁止する法律の規定を合憲と判断した**堀木訴訟**において、最高裁は、この概念の抽象性・相対性のほか、国の財政事情や高度の専門技術的考察と政策的判断の必要性を指摘して、立法裁量を広く認める立場をとりました（最大判1982年7月7日）。最高裁の立場は、理論的には抽象的権利説といえますが、最高裁が認める裁量の壁は非常に厚く、実態としてはプログラム規定説に近いといえます。

(3) 生活保護の現状と問題

生活保護は、国民が生活に困窮した場合の最後の**セーフティネット**として、生存権を根底で支える重要な制度です。現在、国民の約1.6％にあたる約200万人が生活保護を受給していますが（1995年は約88万人）、高齢化の影響で65歳以上の高齢者が過半数を占めています。生活保護の申請数も増加傾向にあり（2020年度から3

年連続で増加)、**コロナ禍**や**物価高**が影響していると考えられます。それでも、本来生活保護を必要としている人の約2～3割程度しか利用していないといわれており、その背景には、制度の周知・理解不足のほか、生活保護の利用を「権利」ではなく、何か後ろめたいものと見る考え方の根強さがあると思われます。

生活保護の受給には、資産・能力の活用や親族による扶養の優先などが条件とされていますが（生活保護法4条)、申請窓口の福祉事務所において、**水際対策**として、さまざまな理由をつけて申請自体を抑制しようとする対応がとられることがあります。たとえば、住む家のない人が申請しようとした際に、市の職員が「施設入所が受給の条件である」との虚偽の説明をし、後に市が謝罪した事例もあります（朝日新聞2021年3月10日)。水際対策の背景には、生活保護費を国と分担する自治体の財政負担の問題やケースワーカーなどの人手不足の問題があります。また、生活保護費をめぐっては、2013年から段階的に実施された最大10%の引き下げに対し、国の判断の違法性などを争う「**いのちのとりで裁判**」が全国各地で行われています。

3 労働権

(1) 勤労権(憲法27条)

憲法27条1項は、**勤労権**を保障します。そのため、国は勤労意欲のある者が就労の機会を得られるように、職業紹介や職業訓練、失業対策、雇用創出などの積極的な措置をとらなければなりませんが、近年では、リーマンショック時やコロナ禍で求人倍率が急減し、失業者が増加しました。また、高齢化にともない家族の介護のために離職を余儀なくされる人も急増しており、**介護休業・介護休暇**の利用促進や拡充などの取組みを国と企業が一体となって進める必要があります。

2項は、労使間の労働契約の内容が立場の弱い労働者側に一方的に不利にならないように、**労働条件の法定**を求め、労働基準法や最低賃金法などが定められています。**働き方改革関連法**（2018年）により、長時間労働の是正が図られてきましたが、**過労死・過労自殺**の問題は依然として続いています。また、パートタイムや派遣など**非正規雇用**で働く人が全労働者の4割近く（そのうち約7割が女性）にまで達するなか、賃金・休暇などの労働環境の改善は喫緊の課題です。デジタル化で注目を集めるIT業界では、システム開発などの業務を下請けに次々と委託する**多重下請け**

構造のもと、**中抜き**が常態化しており、価格交渉力の弱い下流の下請け企業や個人事業主に不当に安い対価しか払われない問題が生じています。労働に見合った適正な賃金が支払われる労働環境を整備することは、国の重要な責務です。

(2)労働基本権(憲法 28 条)

憲法28条は、勤労者（雇用労働者）に、**①団結権、②団体交渉権、③団体行動権**（争議権）からなる**労働基本権**（労働三権）を保障します。これは、労働条件の決定過程で、使用者に比べて立場の弱い労働者が団結し、圧力をかけることで、使用者と対等の交渉力を確保し、法定の最低労働条件以上のより有利な条件を獲得するための権利です。①は労働条件の維持・改善を目的とした**労働組合**を結成し、加入する権利を保障します。②は労働組合に、労働条件について使用者と交渉し、合意事項につき**労働協約**を締結する権利を保障します。使用者は正当な理由なく団体交渉を拒否することはできません（労働組合法７条２号）。③は団体交渉を有利に進められるように、労働組合に**争議行為**の権利を保障します。争議行為の典型は**ストライキ**です。コロナ禍において、医療従事者が過酷な労働環境の改善を求めてストライキを行うこともありました（朝日新聞2021年３月９日）。争議行為は、暴力などをともなわない正当なものである限り、**民事責任**（損害賠償・解雇など）や**刑事責任**（威力業務妨害罪など）を負いません（労働組合法１条２項・７条１号・８条）。

労働基本権に関する最大の問題は、労働基本権が大幅に制限されていることです。警察官・消防隊員・自衛官などは①～③をすべて否定され、非現業の国家・地方公務員は②を制限されるとともに③を否定され、現業の公務員は③を否定されています。最高裁は、一時期これを問題視していましたが、国家公務員の争議行為禁止が問題となった**全農林警職法事件**（最大判1973年４月25日）で、公務員が全体の奉仕者であることや、公務員の労働条件は議会が決定するため争議は議会制民主主義に反すること、公務員の争議は歯止めがかかりにくいこと、人事院勧告という代償措置があることを根拠にあげて、合憲と判断しました。その後の最高裁判決も現行法の厳しい規制を支持しています。しかし、公務員も「勤労者」であり、その労働条件は公務員のなり手の確保や公共サービスの質にも影響します。規制が必要最小限度にとどまっているといえるか、再検討が必要でしょう。

（青野　篤）

第13章　教育と学問

1　教育勅語体制から憲法・教育基本法体制へ

戦後、**日本国憲法**と**教育基本法**の下、教育の理念は180度変わりました。戦前において教育とは、**大日本帝国憲法**と**教育勅語**の下、「良き日本人になるための教育」、つまり天皇が統治する大日本帝国に必要な善良なる臣民、国家に逆らわず上下の秩序を守り、分をわきまえ、帝国臣民として義務を尽くす臣民を養成するための教育でした。そしてその義務の最たるものは、戦争で国のために命を捨てることでした。教育勅語でも、「一旦緩急あれば義勇公に奉じ以て天壌無窮の皇運を扶翼すべし」と規定されていました。また、比較的自由な研究・教授が認められた大学でさえも「国家の須要に応ずる学術技芸を教授」（帝国大学令1条）する国家的エリート養成の場とされ、1930年代に軍国主義・超国家主義が台頭すると、研究の自由さえ奪われました（**滝川事件**や**天皇機関説事件**など）。当時、国家が教育の内容に介入することは当然とされたのです。

これに対し、戦後の憲法・教育基本法の下では、教育は人権と位置づけられています。これは、すべての人が、知的発達・学習の権利（**「学習権」**）を持ち、これを充たすための**「教育への権利」**を持つということです（→本書1部3章12）。戦前と戦後の教育理念の最大の違いは、国家が求める「臣民の育成」「良き日本人の育成」から国民各人の「人格の完成」や「個人の個性と能力を引き出し伸ばすこと」へと教育目的の根本原理が転換したことです。

2　日本国憲法における学問の自由、学習権と教育への権利

そもそも人は、まず個人として尊重され、生命・自由・幸福追求の権利（**幸福追求権**）を持ちます（憲法13条）。この中には、当然発達の権利が含まれ、知的発達、

学習の権利、真実を知る権利が含まれるはずです。知的発達を抜きにして幸福追求権はありえず、その知的発達は人間の本質にかかわる「まなび」の権利を抜きにしてありえないからです。ここから学習権の前提となる考えを導き出すことができるでしょう。

こうした学習権を軸としながら、すべての国民の**「学問の自由」**（憲法23条）の保障が必要とされます。

歴史的沿革を考えると、23条の学問の自由は、旧憲法下で、大学や大学研究者に国家権力から圧力が加えられ、学問の自由（ひいては国民の自由全体）が崩壊した苦い経験を反省して、特に憲法上の権利として保障したものです。そのため、学問の自由は、大学における、①学問研究の自由、②研究成果発表の自由、③教授（教育）の自由を内容としたものととらえられ、**「大学の自治」**と不可分な規定として理解されてきました。そのことの歴史的な意味は重要であり、真理探究を目的とした大学および個々の大学研究者が国家権力や大学設置者・理事機関等から不当な圧力を受けないで自由に学問研究が行えるようにすることは、学問の自由にとって、今日においても、極めて重要な意味を持ちます（ただし、今日、国立大学法人法などにより、「稼げる大学」への転換等の圧力が強まり、学問の自由や大学の自治が脅かされる事態が進行しています）。

しかし、当然のことながら、学問の自由は大学人にだけあるというものではありません。学問の自由は本来、すべての国民がもつ探求の自由、学習権に根ざしているのであって、すべての国民が学習し、真理・真実を探究する学問の自由があるということだと思われます。この意味で、23条は、全国民の学問の自由を保障した規定です。そして、この学問の自由を学習権の視座からとらえかえせば、国民一人ひとりの知的探求の自由、真理・真実を知る権利・学習の権利のコロラリー（一環）としてとらえられるべきものです。

しかし、それならば、大学の自治や大学における研究の自由は、全国民の学問の自由に完全に解消されて、特別に保障される必要はないかというと、そうではないでしょう。すべての国民に学問の自由があるということを前提にしながら、さらに専門研究者の自由と責務があると考えられます。やはり、日々他のことで多忙な一般の国民とは別に、真理探究・研究に専念する研究機関（および高等教育機関）としての大学の存在は、国民・人類の文化を担う重要な存在と思われます（「人類の知的遺産の相続・発展」）。

その場合、大学の学問は、「象牙の塔」の学問・専ら抽象的に外界から遮断されて研究する存在と考えられるべきものではなく、むしろ、大学等の専門研究者は国民全体から信託を受けて、そして国家権力からの介入などを受けずに、国民的・人類的課題について時間をかけて専門的に研究している、その責務を担うべき存在と位置づけられます。

まさに、研究者の研究の自由は、国民の学習権の信託にその根拠を持ち、研究内容は国民的・人類的課題に応えるべきものであり、また、その研究成果は研究者以外の一般国民にも十分に伝えられ、教育と学問が結合し、最善の学問成果が反映した教育を保障する国民的・市民的な教育制度が確立される必要があります。こうした**「学問・大学の国民化・市民化」**を条件として、「大学の自治」も高度に認められるような存在となりえます。

さて、このように、憲法13条を前提とし、直接的にはこの23条を根拠として、学習権は憲法上の権利でもあると理論化できると思います。しかし子どもは自らだけで自己完結的に学習をすることは著しく困難なので、「教育」への権利が要求されることとなる、これが、憲法26条でいう、**「教育を受ける権利」**ですが、それは、学習権の保障のための教育を要求する権利ないし**「教育への権利（right to education）」**という位置づけになります。

この場合、権利主体たる子どものために教育があるのだから、教育への権利は、学習権の保障に値しないようなあてがいぶちの教育、国家による国民の**「教化（indoctrination）」**、個性を押しつぶす偏差値による輪切り教育・管理教育などを、批判したり、場合によってはそうした教育を拒否する権利（あるべき教育を要求する権利）をも含むものです。

この権利保障について、政府に対しては、この学習する権利を実現するための条件を整備する措置を講ずべき責務を負わせたものですが、この政府に与えられる権能はあくまでも**教育条件**（**教育の外的事項**）を整備すること（**教育への権利の社会権的側面**）であり、国が教育内容（**教育の内的事項**）に介入することは基本的に許されない（**教育への権利の自由権的側面**）と解されます。

なお、憲法26条1項の**「能力に応じて」**の文言のみを強調し、能力のない者は教育の機会を与えなくともよいという過度に競争主義的な規定として読む議論もありますが、この規定でいうところの「能力」とは、学習権の視点から考えるならば、もちろん国家に有為な能力のことでも受験偏差値のことでもありません。「能力に応じて」とは**「発達の必要性に応じて」**ということであって、例えば、もし理解度が遅い児童・生徒がいるならば、よりきめ細やかでわかりやすい教育の機会が与えられなければならないものと解されます。

また、他方、憲法26条は社会権の側面も持っています。すべての国民は「ひとしく教育を受ける権利を有する」のだから、例えば貧しいといった理由で教育の機会が十分に与えられないということがあってはならず、教育の機会はひとしく誰にでも与えられなければならないでしょう。政府には、教育制度を確立・維持し、教育条件（教育の外的事項）を整備する責務があり、また義務教育の無償化（憲法26条2項）や奨学制度（教育基本法4条3項）などが保障される必要があります。

この意味では、近年の新自由主義的改革による**「教育の自由化」**なるものの実際のあり方には大いに疑問の余地があります。これは、国家的規制や政府援助を大幅削減し、民営化・自由化・私学化を推めることにより、教育の質的向上と国民の自由な選択の幅を広げるものと説明されることもあります。

しかし、これは、教育の「自由化」というより、むしろ**「教育の商品化」**ではないでしょうか。しかも、商品は一見多様に見えるけれども、その商品の価値は結局有名な大学に進学する、あるいは大企業や公務員等への就職・資格試験の合格などといったことに有利な商品であるかどうかという極めて画一的な価値基準によって決定され、結局序列化の下での画一化をもたらしています。このような教育の商品化によって、お金がなければ買えない、偏差値が高くなければ買えないという二重の制約の中で、子どもたちは、「選択」するのではなくて「選別」されています。その意味では、今日、憲法26条が持つ社会権的な意義もあわせて評価する必要があるようにも思われます（堀尾輝久『教育を拓く』青木書店、2005年）。

読んでほしい本など

- ・堀尾輝久『日本の教育』（東京大学出版会、1994年）
- ・堀尾輝久『新版 教育の自由と権利』（青木書店、2002年）
- ・高柳信一『学問の自由』（岩波書店、1983年）

（河上暁弘）

第14章　家族

1　日常生活に最も関係する憲法条文——24条の存在

(1) 憲法24条の存在とその内容

憲法24条は、基本的人権に関する多数の条文のなかでも私たちの日常生活に最も密接にかかわるものであるにもかかわらず、その存在は社会で広く知られていません。では、24条にはいったいどんなことが書かれているのでしょうか。

24条1項は、①両性の合意のみに基づく婚姻（憲法上の婚姻の成立要件）と②夫婦の同等の権利および夫婦の相互協力による婚姻の維持を規定しています。2項は、配偶者の選択、財産権、相続、住居の選定、離婚、婚姻その他家族に関する法律が、**「個人の尊厳」**と**「両性の本質的平等」**に基づいてつくられることを規定しています。

(2) 家族のなかに〈個人の尊厳〉が必要な理由

24条の大きな特徴は、憲法上で唯一、個人の尊厳を謳っていることです。憲法が保障する基本的人権の包括的規定といわれる13条は個人の尊重を、続く14条1項は法の下の平等原則を規定しています。13条と14条1項は隣り合うことで、ひとつの人格を有する個人が平等に取り扱われることをより一層強調する意味を持つと解することができるでしょう。

しかし、基本的人権を保障する基礎的要素は、それだけでは十分といえません。なぜなら私たちが住む社会には、格差や差別を生む構造が存在しており、それにより社会的に弱い立場におかれ、虐げられることで尊厳を大きく傷つけられている人々がいるからです。とりわけ、私的領域の典型例である家族は外の目に触れにくい密室であるため、DVや児童虐待といった暴力や家父長的な発想に基づく差別などが起きていても、表面化されにくい空間なのです（→本書1部2章12・13）。また、家族の名の下でこれらが正当化されやすいために、精神的な抑圧を含む被害も深刻化しやすいのです。そうであるからこそ、家族に関連する法律がつくられるときには、傷ついた個人が尊厳を取り戻すことができるようにするための視点を欠かすことができません。

2 24条の制定目的

(1) 大日本帝国時代の家制度と性差別

憲法24条の中身を知ると、現代の社会では当たり前のことしか規定されていないと思う人もいるかもしれません。しかし、現行の憲法ができる前の日本、すなわち大日本帝国はそうではありませんでした。明治民法（現行の憲法にしたがって大改正される前の民法旧規定の親族編と相続編）の下で、**家制度**が存在していたからです。明治民法は、西欧の近代民法が一般的に取り入れていた**夫権・父権**を定める家父長的なナポレオン法典をモデルにしてつくられましたが、そのなかに次のような日本独自のしくみとしての家制度が導入されたのです。

大日本帝国時代は家が社会を支える基礎的単位とされ、各家のなかには戸主がおかれていました。明治民法の下で、戸主は自分が統率する家の構成員への扶養義務を負う一方、構成員の婚姻や養子縁組の同意権、家籍変動同意権、居所指定権などの一定の権限を与えられていました。戸主の地位や権限、財産を意味する家督は、原則として長男が相続するしくみがとられていました。夫婦間も法的に不平等な関係にありました。夫に妻の財産管理権が与えられて、両者の子どもの親権も原則として父親だけに認められていたのです（子の父親が死亡するなどの特別の事情が生じた際には母親が親権を得る）。また、妻は法的に無能力者とされていたため、夫の許可なく法律行為をすることは認められていませんでした。

このように、明治民法は**男性優位の家父長的序列**を規定するものでした。女性は父権・夫権という二重の抑圧下におかれていたのです。

(2) 24条の起草者ベアテ・シロタ・ゴードンの思い

憲法24条のモデルをつくったのは、GHQ民政局のスタッフのひとりであったベアテ・シロタ・ゴードン（以下「ベアテ」）です。世界的に著名なピアニストであった父親の仕事（東京藝術大学教授）の関係で、ベアテは幼い頃から約10年間、家族とともに東京に住んでいました。その経験から日本語が堪能であったベアテは、アメリカの大学で学んだ後に、GHQ 民政局のスタッフとして来日しました。その際に、日本国憲法の GHQ 案の起草にかかわったのです。

ベアテは過去の滞在経験から、日本の女性が性差別的な社会規範や男性優位の家父長的な家制度などにより抑圧されていることをよく知っていました（ベアテ・シロタ・ゴードン〔平岡磨紀子、構成・文〕『1945年のクリスマス——日本国憲法に「男女平等」を書いた女性の自伝』柏書房、1995年)。それゆえに、日本が平和な国に生まれ変わるためには、女性が解放されて幸せにならなければならず、それには男女平等が不可欠と考えたのです。ベアテのまなざしは女性だけでなく、社会的に弱い立場にある子どもにも向けられていました。

ベアテは、女性や婚外子の権利などを含む多数の草案を起草しました。しかし、GHQ 案をまとめる最終過程で多くは削除され、24条の草案（GHQ 案23条）などわずかしか残りませんでした。その後、日本政府による修正、家制度の廃止などをめぐり激論がかわされた帝国議会での審議を経て、現行の24条が誕生しました。

(3) 家制度の廃止をもたらした24条

家制度は、「日本国憲法の施行に伴う民法の応急的措置に関する法律」(1947年4月）の下で廃止されました。憲法24条の内容に鑑みると、家父長的な家制度は並存しえないからです。まずはこれを廃止したうえで、同年12月になされた明治民法の大改正（→本書1部2章9）に向けての作業が行われました。

ただし、その廃止をもって日本社会全体の意識が直ちに変わるわけではありません。残念ながら、家父長的な社会規範やメンタリティは、日本国憲法下においても社会にそのまま温存されてきました。それらが現代の日本社会の公的領域や私的領域においてさまざまな形で起きている**ジェンダーに基づく差別や暴力**の根底を支えています。その意味でも、憲法24条の制定背景をきちんと理解する必要があります。ベアテの働きが大変大きかったことは否定できませんが、ベアテの思いを形成したものは、抑圧的な大日本帝国時代を生きていた女性の苦悩や涙なのです。

3 家制度廃止以降の 24 条の意義

憲法学界の既存の通説は、女性を抑圧的な家制度から解放し、結果的に社会の平等や民主化を促したという点から24条を消極的な意味で自由権や平等権を保障した条文と解してきました。それ以上の評価は長年なされませんでしたが、1980年代に再評価の試みがはじまりました。

家制度の廃止だけでは、家族内に残るジェンダー規範に基づく**性的役割分担**をなくすことはできません。家事や育児などを担う要因として女性を家に囲い込んできた性別役割分担こそが家族内で従属関係をつくり、ジェンダーに基づく差別や暴力を生み出すことにつながってきました。再評価の試みではその点が注目され、家制度廃止以後の24条の意義をこうした関係性とそこから生まれる差別や暴力を克服するための根拠条文として理解する積極的解釈が生まれました。

再評価を促した背景には、①1960年代末から1970年代にかけて世界規模で広がった女性解放運動で、性暴力やDVなどのジェンダーに基づく暴力が問題視されるようになったこと、②1980年代に入ると、男性中心の学問をジェンダー視点からとらえなおす試みとしての女性学、その延長としてのジェンダー・スタディーズが盛り上がったことがあります。

現行憲法下の日本社会では段階的に、DV被害者の救済や男女共同参画関連の法整備などがなされてきました。また、子どもの成長と人権擁護に関する包括法として、「こども基本法」(2022年)が制定され、2023年4月には「こども家庭庁」が新設されました。一人ひとりの子どもを個人として尊重し、意見表明を重視する方向性(こども基本法3条)は望ましいものです。一方、こども家庭庁の名称にも表れているように、家庭を子どもの養育の基本と位置づける(同条)など、養育責任を家族に過度に押しつける方向にも行きかねません。その点は注意が必要です。

憲法24条の精神を社会に浸透させつつ、家族内で個人の尊厳を傷つけない人間関係を築くための施策をさらに拡充することが求められます。

読んでほしい本など

・中里見博＝能川元一＝打越さく良＝立石直子＝笹沼弘志＝清末愛砂『右派はなぜ家族に介入したがるのか――憲法24条と9条』(大月書店、2018年)

(清末愛砂)

第15章 刑事手続

1 敗戦までの日本の刑事手続

「国の最高法規」(98条) である日本国憲法では、31条から40条までは刑事手続に関する規定となっています。「国民の権利及び義務」の章の3分の1、憲法全体の約10分の1が刑事手続にあてられています。外国の憲法と比較しても、刑事手続にこれほど多くの規定があてられている憲法はありません。なぜこれほど多くの規定が刑事手続なのでしょうか？　また、「公務員による拷問及び残虐な刑罰は、絶対にこれを禁ずる」(36条) という規定があります。ここでいう「公務員」とは主に警察や検察のことです。警察や検察が拷問をしてはいけないという、なんでこんな当たり前の規定が国の最高法規である「憲法」に書かれているのかと思うかもしれません。しかし、こうした規定が存在するのには歴史的な理由があります。

敗戦までは、「10人の無実の者を罰しても、一人の真犯人を逃すな」という**「実体的真実主義」**が刑事手続の基本理念でした。真犯人を見つけるため、警察官や検察による拷問こそ「当たり前」！でした。

拷問の例としてあげられるのは**小林多喜二**氏です。同氏は1933年2月20日正午過ぎに東京・築地署の特別高等警察に逮捕されましたが、その日の夕方には警察の拷問で虐殺されました。同氏の死体をみると、指や前歯が折られ、こめかみや二の腕には焼け火箸を突き刺した跡、太腿には千枚通しで刺されたような穴が15、6カ所もありました。

敗戦までの日本では、正当な理由もないのに身体を拘束され、「拷問」にかけられました。そして拷問で警察に殺されるか、拷問の結果、虚偽の自白に追い込まれ、「有罪」とされることが少なくありませんでした。

2　日本国憲法での刑事手続の内容

「基本的人権の尊重」を基本原理とする日本国憲法では、敗戦までの悲惨な刑事手続は放棄されました。そして刑事手続に関して多くの規定が明記されました。

まず、刑事手続での不当な人権侵害を防ぐため、**「適正手続主義」**（31条）が採用されています。刑事手続での人権侵害を防ぐため、刑事手続や実体に関する「法律」も人権保障に適したものでなければならないとされています。刑事手続での最たる人権侵害は「冤罪」なので、**「無罪推定の原則」**も憲法31条の要請となります。

戦前の恣意的な身体拘束への反省として、逮捕に関しては**「令状主義」**が採用され、現行犯以外の場合には裁判官が出す令状がなければ逮捕できません（33条）。「令状主義」は住居への侵入・捜索・押収などにも適用されます（35条）。

また、拷問で自白を得るといった刑事手続への反省として、公務員による拷問や残虐な刑罰は絶対に禁止されました（36条）。

さらに拷問や脅迫などで自白させられた場合、自白が真実ではない場合があります。そうした自白だけで有罪にされれば無実の者が罰せられる可能性があります。そこで日本国憲法では**「自白法則」**（38条2項）が採用されています。有罪判決を下す際には被告人の自白以外の「補強証拠」も必要とされます（38条3項）。

そして憲法では**「弁護人依頼権」**（34条、37条）も保障されています。刑事手続での弁護人の役割といえば、実際に犯罪を犯した人を無実にすることと思っている人も少なくないかもしれません。しかし、憲法で「弁護人依頼権」が保障されているのは、無罪の人が誤って有罪にされないため、そして警察や検察による暴力や脅迫などの人権侵害違憲・違法捜査を監視するためです。

3　刑事手続の現状

以上のように、敗戦までの悲惨な刑事手続に対する反省として、憲法には刑事手続に関して詳細な規定が設けられています。しかし実際の刑事手続で憲法の理念が活かされているのでしょうか？

2019年8月1日愛媛県松山市で、タクシーから売上金を盗んだ疑いで誤認逮捕された女子大生が手記を発表しました。女子大生は警察の取調べで「犯人なら目の前にいるよ」、「就職も決まっているなら大ごとにしたくないよね」などといわれました。その後、真犯人が現れたことで「誤認逮捕」が発覚しました。女子大生は手記で「本当に悔しかったです」、「手錠をかけられた時のショックは、忘れたくても忘れることはできず、今でもつらいです」と記しています。

2019年9月27日、大津地裁は、詐欺罪で逮捕・起訴された大学4年生に無罪判決を下しました。この男性は4回逮捕、10カ月以上勾留され、数社から得ていた内定はすべてダメになり、大学も留年となりました。

男子学生は取材に対して、検察も検察も、初めから犯人だと決めつけていたと語っています。取調べで刑事は「なんで黙秘するねん。やってるからやろ」、「しゃべれや、うそつくなや」などと発言しました。

最近も、乳幼児を激しく揺さぶったとして母親、父親、祖母などが逮捕・起訴されたものの、無罪判決が下される事例が相次いでいます。

免田事件（1948年）、財田川事件（1950年）、島田事件（1954年）、松山事件（1955年）は「４大死刑冤罪事件」と言われ、死刑判決が確定した後に再審で無罪となりました。いまも死刑が確定した袴田事件が再審で争われています。万が一、無実の人の死刑が執行されていたら取り返しがつかない国家犯罪です。2008年に死刑が執行された「飯塚事件」は「冤罪」の可能性が指摘されています。

このように、残念ながら今でも憲法理念に反する捜査、そして冤罪はなくなっていません。とくに警察や検察により「虚偽の自白」に追い込まれ、冤罪の被害者となる人は後を絶ちません。自分なら「やっていない犯罪を自白しない」と思う人もいるかもしれません。しかし1967年6月、警察署で警察官が殺害された「半田事件」（愛知県）では、犯人でない暴力団員7人が逮捕され、警察による取調べの結果、6人が自白しました（その後、真犯人が現れて冤罪であることが明らかになりました）。暴力団員でも警察の取調べで、やってもいない犯罪の自白に追い込まれるのです。たとえば自白しないなら「家族を逮捕する」と警察にいわれたら、みなさんはどうしますか？　1963年5月の強盗強姦殺人事件である**「狭山事件」**（埼玉県）では石川一雄さんは警察から兄が犯人だと思いこまされると同時に、「殺したと話せば10年で刑務所から出してやる。男の約束だ」と警察からいわれました。家族7人の生活を支えていた兄が逮捕されれば家が困窮すると思い、兄の身代わりのつもりで自白しました。2003年4月の鹿児島県議会議員選挙に関する**「志布志事件」**で担当警部補は「選挙違反なんて交通事故みたいなもので罰金で済む。認めたら逮捕はない。その代わり認めなければ親も子も逮捕する」と被疑者を脅しました。警部補が裁判所で事件を「捏造」と証言したことも大きく報道された「大川原化工機事件」でも、捜査側の主張に沿う自白をしない限り長期間、身体拘束が続けられる「人質司法」が問題となりました。この事件では被告人の一人はがんと診断されたのに裁判所が保釈を認めなかった結果、無実の市民が適切な治療を受けられずに亡くなりました。

そして、警察による暴力は、やはり今でも完全にはなくなっていません。2004年2月の強盗致傷事件である**「オヤジ狩り事件」**（大阪市）では、往復ビンタを食らい、血だらけになった少年たちのジーンズが残されていました。警察官による暴力行為に対して起こされた国家賠償請求訴訟では、裁判所でも警察による少年たちへの暴力が認定され、約1,500万円の損害賠償が命じられました。警察官による暴力は、1990年の少女殺人事件である**「足利事件」**（栃木県）や2002年1月と3月の強姦事件等の**「氷見事件」**（富山県）でも行われています。警察の暴力に耐えられずに「自白」に追い込まれた事例は少なくありません。

4 刑事手続での「冤罪」「人権侵害」をなくすために

いままで紹介したように、憲法の理念が捜査や司法の場面では必ずしも守られていません。そこで刑事手続での人権侵害や冤罪を防ぐため、取調べの全面可視化、代用刑事施設（**代用監獄**）の廃止、検察官上訴の廃止など、さまざまな主張がなされています。

読んでほしい本など

- 栗野仁雄『「この人、痴漢！」と言われたら――冤罪はある日突然あなたを襲う』（中央公論新社、2001年）
- 秋山賢三『裁判官はなぜ誤るのか』（岩波新書、2002年）
- 井上薫『平気で冤罪をつくる人たち――誤判は必然的に生まれる』（PHP 新書、2010年）
- 周防正行監督『それでもボクはやってない』（DVD、2007年）
- 安部祥太ほか『見直そう！　再審のルール――この国が冤罪と向き合うために』（現代人文社、2023年）

（飯島滋明）

第16章　国会と内閣

1　歴史的背景

(1) 民主的な議院内閣制を確立できなかった戦前の経験

大日本帝国憲法と比べて、日本国憲法は国会の権限を大幅に強化するとともに、議院内閣制を憲法上の制度として明確に定めて、その存在根拠を国会の信任におき、国会に対して連帯責任を負う内閣の法的性格を明確に定めました。これは、議院内閣制が成り立たなかった戦前の経験を踏まえて、**議院内閣制**を前提とする民主的な議会政治が実現するようにしたものです。

(2) 権限が限定された帝国議会

大日本帝国憲法下においては、立法権はあくまで天皇にあり、帝国議会は立法についての**協賛機関**に過ぎませんでした。**解散**ですら天皇の命令によって行われました（大日本帝国憲法7条）。日本国憲法では衆議院が解散されうるのは、明文では69条の内閣不信任決議案が可決して内閣が10日以内に総辞職しない場合ですが、これは戦前のような恣意的な解散をさせないためでもあります。

(3) 不安定であった戦前の内閣(政府)

また、大日本帝国憲法下ではそもそも内閣の規定がなく、国務大臣（閣僚）は、個別に天皇に対してだけ責任を負うことになっており、首相の他閣僚の任免権がなく、内閣が非常に不安定でした。首相を**内閣の首長**と定め、首相に他の閣僚の任免権を与えているのはそのためです。

2　関係する憲法の条項・原理原則

(1) 国会の権能

国会は国民によって直接代表が選出される**国権の最高機関**であり**唯一の立法機関**

（41条）です。単に選挙されているということだけではなく、国民の政治的な意思を具体化する立法を、民主的な熟議によって行う会議体だからこそ最高機関なのであり、国民主権の原理の下で最も重要な機関なのです。その国会の権能、役割は多岐にわたります。権限別にあげると**法律の制定**（憲法41条、59条）、**予算の承認**（60条）、**条約の承認**（61条）、衆議院参議院それぞれの**国政調査権**（62条）、憲法改正発議権（96条）（→本書2部20章）、厳密には国会議員によって構成されますが裁判官の罷免を審査する**弾劾裁判所**（64条）、国政全般に対する、特に行政権に対する**監督権**、各種の**人事同意権**、そして**内閣総理大臣の指名権**（67条）です。

(2) 衆議院と参議院の意見が一致しないときはどうするのか

日本国憲法は**二院制**をとっています。基本的には対等の権限を衆議院と参議院がもっています。ただ両院の意思が食い違うことがありえます。その中には両院が一致しなくてもどうしても決めなければならないものもあります。そのため、**両院協議会**を開いて一致点を探ったり、首相の選出（憲法67条2項）と予算案の承認（60条2項）、条約の承認（61条）については一定期間後衆議院の議決が優越することとし、法律案の議決については衆議院で出席議員の3分の2以上の特別多数での再議決によって衆議院の議決が優越することになっています。

(3) 内閣総理大臣・内閣・議院内閣制

憲法上の議院内閣制の中の行政権である内閣は広範な権限を持っています。**内閣総理大臣（首相）**は必ず国会議員のなかから国会の議決にもとづいて選出され（憲法67条）、その首相が他の**閣僚**を**任免**します（68条）。憲法73条では一般行政事務の他、7項目にわたる**内閣の権能**が規定されていますが、一般行政事務自体が非常に広範なもので、国会と裁判所の権限以外の国政上の権限はすべて入るといってもいいものです。

3 現状

(1) 国会の権能についての問題

国会は**首相の選出・立法・財政統制・行政監督・弾劾裁判**などの権能を有し、**国政調査権**をも有する強力な国家機関ですが、現状は必ずしも憲法が想定しているように運営されているとはいえません。小選挙区制中心の選挙制度のためか、与野党のバランスが悪く、討議を通じて国民の意思を見いだしていくという**議会制民主主義**が機能しておらず、与党の強引な政権運営が近年非常に目立ちます。本来中立であるはずの官僚も、国会、とくに野党を軽視する傾向が強まっています。不十分で恣意的な**公文書管理**がそれに拍車をかけています。さらに、2023年3月15日には理由なく一度も登院しなかった参議院議員が除名されました。一部の議員の資質が問題になっています。

(2)内閣機能・首相官邸機能の強化

こうした傾向は、1990年代前半に始まった**政治改革**、2000年代から本格化した**行政改革**によって引き起こされている面が大きいといえます。政治改革以上に、政府に極端なかたちでパワーを与えてしまっているものが、行政改革でした。**省庁再編**などを通じて、より効率的で実効性のある行政をというものだったはずが、政府、とくに官邸の機能、権限を強化し、しようと思えば政権担当者である首相が、脱法的に行政を私物化することまでできるようなものになったのです。**公務員改革**の一環として行われた**内閣人事局**の設置によって、国家公務員の幹部人事が官邸に一元的に掌握され、政権による公務の私物化とリンクして、公文書の隠蔽、改竄、破棄まで行うようになってしまっています。

(3) 7条解散説の妥当性・議員任期延長論

衆議院の解散について、通説的には、天皇の国事行為の1つとして衆議院の解散があり、天皇には政治的権能が憲法上ないので、実質的に内閣が解散について決定できる(7条解散説)とされています。実際内閣は、たびたび解散してきました。**議院内閣制**の下では、内閣は国会の信任に依存しているのだから、非常に重要な国政上の問題で改めて民意を確認できるようにするために、内閣には実質的な**衆議院の解散権**があるほうがのぞましい、というのがその根拠の1つです。しかし、なにがその非常に重要な国政上の問題なのか(解散の大義名分)を決めるのは政権与党なので、今のタイミングで選挙をすれば勝てる可能性が高いから解散するといった理由以外に理由がない解散が多く見受けられます。議員の任期との関係では、非常時・有時の国会議員の任期延長が一部で議論されています。

4 現状は憲法理念からはどのように対応することが考えられるか

(1) 国会が機能するために

当然のことではありますが、憲法と国会法（1947年）の規定を遵守させることが考えられます。国会を開き、委員会を開き、政府には誠実に対応させ、政府に法令どおりに答弁や資料提供をさせ、衆議院と参議院の**国政調査権**を十分に尊重させるということです。憲法と国会法の規定を遵守させることそれ自体を政治課題として有権者が「不断の努力」の一環として要求していくことが考えられます。

(2) 内閣機能の強化を政官関係の問題としてどう扱うか

たしかに憲法上は、首相は総理として行政各部を指揮監督するわけです（憲法72条）から、人事権についても何らかのかたちで包括的に関与しうることは否めませんが、行政の中立性を損なうかたちになるまで人事権を集中させることには問題があります。**内閣人事局**を、もっと分権的なものへ改組することが考えられます。

(3) 国政調査権の実効化のために

国政調査権に基づく資料要求への対応をもっと厳格に法律上も規定して、積極的な協力をさせることが考えられます。

(4) 解散権・議員任期延長論について

内閣の実質的な解散権をコントロールする方向で**69条限定説**を再検討することや、解散後の衆議院議員の任期を当初の任期にすることなどもありえる選択肢だと考えられます。任期延長論には、大変なときこそ選挙をすることが、大切だという議論をしていくことが考えられます。

読んでほしい本など

・大山礼子『日本の国会――審議する立法府へ』（岩波新書、2011年）

（奥田喜道）

第17章 司法

1 司法権の概念

裁判所は司法権を行使する機関であり（**憲法76条1項**）、司法権とは「法を使って争いを解決する権限」です。それでは、裁判所はあらゆる争いを解決してくれるのでしょうか？　たとえば、「サンタクロースは本当にいるのか？」、「巨人と阪神はどちらが強いのか？」などの争いも裁判所は解決してくれますか？　もちろん答えはノーです。そのような争いについて裁判官が解決してくれるはずがありません。すなわち、裁判官はすべての争いを解決するのではなく、ある一定の要件を満たした争いのみを解決してくれるのです。それでは、裁判官に解決してもらえる争いであるためには、どのような要件が必要なのでしょうか？ （→本書1部3章2）

従来の通説・判例は、憲法76条1項における「司法権」の概念を、「具体的な争訟事件について、法を適用し、宣言することによって、これを解決する国家作用」と解してきました。この点、判例としては、**警察予備隊違憲訴訟**（最大判1952年10月8日）や**「板まんだら」訴訟**（最大判1981年4月7日）がこのような見解を前提にしていますし、また、東京地裁1954年11月10日判決は、端的に「司法権とは、当事者間に具体的な権利義務の紛争が存する場合に、法を適用実現して、紛争を解決する国家作用である」旨を明示しています。さらに、通説・判例は、このような司法権概念を前提に、司法権が行使されるための要件（いわゆる**「事件性の要件」**）として、㋐当事者間の具体的な**権利義務**または**法律関係の存否**に関する紛争であること、および、㋑**法令の適用**により**終局的に解決**できることの二要件を導いています。すなわち、この2つの要件をいずれも満たす争いのみが司法権の対象となるのです。前述のサンタクロースや巨人・阪神の争いは、㋐具体的な権利義務または法律関係の存否に関する紛争ではありませんし、㋑法令の適用により終局的解決もできません。よって、事件性の要件のいずれをも満たさないことから、司法権の対象にはならないのです。

2 司法権の範囲と限界

(1)司法権の範囲

事件性の要件を欠くとして司法権の対象とならないとされた典型的な判例をいくつか見ていきましょう。まず、①「抽象的に**法令そのものの解釈または効力**をあらそう場合」として、前述した警察予備隊違憲訴訟があります。警察予備隊とは自衛隊の前身ですが、警察予備隊の存在を認める警察予備隊令が制定されただけの段階では、誰もその法令の「当事者」とは言えませんから、要件㋐を欠くのです。また、②「単なる**事実の存否、学問上の論争や技術上の問題**」として、**技術士国家試験不合格訴訟**（最三小判1966年2月8日）があります。国家試験の不合格判定に不服があっても、国家試験の合否判定は、学問・技術上の判断を内容としますから、法的解決はできず、要件㋑を欠くのです。さらに、③「**信仰の価値**や**宗教上の教義**に関する判断自体を求める訴え、あるいは**宗教上の地位**の確認」として、前述した板まんだら訴訟があります。ある宗教団体の“本尊”として信仰の対象となるべき「板まんだら」が新設された場合、その「板まんだら」の真偽は信仰の対象の価値に関する判断だから、法的解決はできず、要件㋑を欠くのです。

(2)司法権の限界

たとえ事件性の要件のいずれをも満たすとしても、その事柄の性質上、司法権の対象とならない場合もあります。

まず、①憲法の明文上の限界として、**国会議員の資格争訟裁判（憲法55条）**と**裁判官の弾劾裁判（同64条）**があります。また、②**行政府**や**立法府**の**自由裁量行為**に関する紛争は、その当・不当が問題とされても、裁量権を著しく逸脱するか、濫用する場合でない限り、司法権の対象とはなりません。さらに、③議事手続や議員の懲罰などの**議院の自律権**にかかわる紛争も、各議院の自律性を尊重して、原則として司法権の対象とはなりません。そして、④大学・政党・宗教団体・労働組合など、市民社会の中で自律的法規範を持つ特殊な部分社会における争いは、それが内部的問題にとどまる限り、その自主的、自律的な解決に委ねるべきだから、司法権の対象にはなりません（いわゆる**部分社会の法理**）。判例としては、**富山大学単位**

不認定事件（最三小判1977年3月15日）や**共産党袴田事件**（最三小判1988年12月20日）があります。さらに、⑤直接国家統治の基本に関する高度に政治性ある国家行為は、裁判所による判断が可能であっても、司法権の対象にはなりません（いわゆる**統治行為の法理**）。判例としては、**砂川事件**（最大判1959年12月16日）や**苫米地事件**（最大判1960年6月8日）があります。判例は各自で自習してください。

3 求められる司法判断

安倍晋三内閣は、2014年7月、これまで憲法上、行使が許されないとされてきた、いわゆる集団的自衛権を限定的に容認する憲法解釈の変更を閣議決定しました。そして、その閣議決定にもとづき、限定的な集団的自衛権の行使を認めることを含む、いわゆる**安保関連法**が2015年9月、国会で可決・成立しました。その後、同法は**憲法9条**の**平和主義**等に反し、憲法違反と訴える裁判が全国各地で25件も提起されています（→本書2部5章）。地方裁判所を含めすべての裁判所には**違憲審査権**（**81条**）がありますが、この裁判では、裁判官が①原告に事件性の要件を厳格に要求することにより、また、②同法の「高度の政治性」を理由に統治行為の法理を使うことにより、司法判断自体を回避することが強く危惧されています。憲法判断にきわめて消極的、抑制的な日本の裁判官は、おそらくそのような結論をとる可能性が高いです。

しかし、それでは事件性の要件が満たされるまで司法判断がおこなわれないことになり、違憲の法律が放置される結果になってしまいます。また、司法が「高度に政治性のある問題」に対して判断すべきでない理由は、国民自らが選挙でそれを是正できるからです。とするならば、選挙による意見表明の機会が国民に十分に保障されていない場合には、「高度に政治性のある問題」に対しても司法の積極的な判断がなされなければなりません。この点、安保関連法の是非を中心的争点と明示した国政選挙はいまだに一度も行われていませんし、今後とも行われる予定はまったくありません。よって、安保関連法が違憲だとしても、国民が自らの手でそれを是正することは実際上、きわめて困難なのです。やはり、裁判所が司法判断を示すことにより是正するしか国民を救済する手段はないのです（→本書2部3章）。

4　最高裁は“憲法の番人であり人権保障最後の砦”

“憲法の番人”であり、“人権保障最後の砦”である最高裁がその使命を十分に果たすためには、事件性の要件をあまり硬直的に捉えるべきではありません。**国民の権利・自由の保障**や、**国民主権・民主主義の実現**のために必要な場合には、積極的に**違憲判断**をおこなうべきです。この点、学説においても、日本の司法権をアメリカ型だと考えても、必ずしもアメリカとまったく同じである必要はないという見解もありうるとして、①基本的人権規定を主観的権利規定であると同時に客観的法原則であるととらえ、基本的人権規定に違反する政府の行為に対しては誰でも訴訟を起こせるとする学説や、②事件性の要件を必要と考えながらも、それは事件をきっかけにするという程度の緩やかな意味においてにとどまるとする学説、あるいは、③憲法81条はドイツの連邦憲法裁判所としての役割を最高裁判所に与えたのであり、少なくとも憲法訴訟に関しては事件性の要件はそもそも不要であるという学説等が紹介されていますが、大いに注目に値します。

憲法の番人であり、人権保障最後の砦である最高裁の権限をいかに強化し、国民のために役立てていくかが今後の大きな憲法的課題なのです。

2019年、性別を問わず結婚ができるようにするために、法律上の性別が同じカップルが結婚できないことの憲法適合性を正面から問う“同性婚訴訟”が札幌、東京、名古屋、大阪、福岡の５つの地方裁判所に提訴され、日本で初めて始まりました。2023年10月現在、すでにすべての裁判所で判決が言い渡され、５つの判決のうち、４つで違憲との判断がなされました。唯一合憲の判断であった大阪地裁判決においても、国会が立法をしないことが将来的に憲法24 条２項に違反し、違憲になる可能性が示唆されています。現在では、すでに同性婚はヨーロッパ、南北アメリカ、オセアニアなど、35の国や地域で可能になっており、これら５つの地裁判決は、同性婚の実現をあと押しする世論とあいまって、なかなか動こうとしない政府や国会をうごかす大きな原動力となるはずです。このように裁判所の違憲判決には世の中を変える力があるのです。これまでの日本の裁判所は、違憲判決をだすことにきわめて慎重でしたが（いわゆる司法消極主義）、今後の積極的な対応をぜひとも期待したいところです。

（藤井正希）

第18章 財政

1 財政と国会(議会)

公務員対策の講義などでは、国会の役割は「法律の制定」と習うと思います。もちろん正しい説明です。しかし歴史的に見れば、国会（議会）の成立とその後の展開は、税や財政の問題と密接に結びついています。国会は、税金を取り立て、それを支出するには税を払う者の同意が必要という主張とともに成立しました。

イギリスの**「マグナ・カルタ」**（1215年）では、国王の課税に対しては王国の一般評議会の同意が必要とされました（14条）。**「権利請願」**（1628年）や**「権利章典」**（1689年）でも、「代表なくして課税なし」という考えが明確に打ち出されています。

世界史的な出来事である**「アメリカ独立戦争」**（1775～1783年）や**「フランス大革命」**（1789年）、実は「財政」と「課税」の問題が直接的なきっかけとなりました。

戦争には多額の費用がかかるのは今も昔も同じです。イギリスは7年戦争（1756～1763年）や「フレンチ・インディアン戦争」で多額の支出をしました。イギリスは多くの戦争で財政が厳しくなったことから、当時、植民地であったアメリカに対して印紙条例（1765年）や茶条例（1767年）のような、さまざまな増税をしました。こうした増税に対して植民地民衆が反対闘争をおこしたことがアメリカ独立戦争のきっかけとなりました。「代表なくして課税なし」は、マグナカルタ以来のイギリスのスローガンでしたが、アメリカ独立戦争がはじまると、弁護士ジェイムス・オーティスの「代表なくして課税するのは暴政である」との発言は広く宣伝されました。

アメリカ独立戦争では、イギリスに対抗するためにフランスは支援軍を派兵しました。フランスの支援がアメリカ独立の一因となりました。ただ、もともと危機的状況にあったフランス財政は、アメリカ独立戦争を支援したためにさらに危機的となりました。そこでルイ16世は財政難に対応しようとしますが、その挫折がフランス大革命の直接的原因となりました。いわゆる**「フランス人権宣言」**でも、「全ての市民は、みずから、またはその代表者によって、公の税の必要性を確認し、それを自由に承認し、その使途を注視し、かつ、分担額、課税基準、徴収及び期間を決定する権利を有する」(14条)と定められました。

大日本帝国憲法(明治憲法)の下では、税や財政に関する議会の統制が及ぶような外観を呈しつつも、さまざまな例外が存在しました。たとえば、皇室経費は増額の場合以外には議会の協賛は必要ないとされたり(66条)、予算が不成立の場合には政府は議会の議決なしに前年度の予算を執行できたり(71条)、緊急の場合にも議会の議決なしに財政の処分が可能でした(70条)。

一方、日本国憲法のもとでは、税や予算に国会の統制がおよばない明治憲法のようなあり方が否定されました。そして国家の収入や支出のあり方を国会がコントロールするという原理が明言されています。

まず国家の収入(=私たちの税金)ですが、**「租税法律主義」**(84条)が定められています。税の義務者、課税物件、税率、徴税手続など、税に関する具体的内容は法律で定めなければならないというのが「租税法律主義」です。

国家の支出に関しては**「財政民主主義」**(83条)の原則が定められています。国の財政は、国民の負担に直接関係するので、国民の代表機関である国会の監視の下におくというのが「財政民主主義」です。財政を国会の統制下におくという考え方ですが、「国費」や「国庫債務負担行為」(85条)や「皇室予算」(88条)についても国会の議決が必要とされています。さらに内閣は少なくとも毎年1回、国の財政状況について国会に報告しなければなりません(91条)。

なお、国会は財政について何を決めてもよいわけではなく、「政教分離」の観点からの制約があります(89条)。

2 消費税率の引上げについて

2014年4月からは消費税の税率が5%から8%に引き上げられました。2019年10月からは8%から10%に引き上げられました。一方、政府は法人税の税率を下げる政策をとってきました。最近のこうした税政策をどう考えるべきでしょうか?

消費税の問題を中心に考えましょう。

消費税率を引き上げる理由として、①国の借金は1,000兆円を超え、その埋め合わせをしなければならないが、法人税や所得税は景気に左右されるのに対して、景気に左右されない消費税は財政再建には必要である、②増大する社会保障費のために増税は必要だが、たくさんの蓄えのあり、主に社会保障の恩恵にあずかる老人世代には増税をしない一方、社会保障の恩恵にあずからない現役世代にのみ負担を重くすることになる「所得税」への増税は「世代間の不公平」をもたらす、③消費税率を引き下げる一方で法人税や所得税などに対する増税をすれば、海外企業を日本に誘致できなくなる、④大企業が多くの利益を得られれば、その利益は社員などに還元される（いわゆる**「トリクルダウン」**）などと主張されます。

一方、ⓐ消費税率の引上げは、経済的弱者ほど負担が重くなる「逆進性」がある、ⓑ消費税率の引上げは「買い控え」をもたらして景気を悪化させたり、自然災害の被災者が購入を控えざるを得ない状況をもたらすなど、災害復興を遅らせる、ⓒ中小・零細企業は客に消費税を価格転嫁できずに打撃を受けるが、大企業、とくに輸出企業は消費税を納めないのに消費税の還付を受ける**「輸出戻し税」**制度があるため、消費税率が高くなれば大企業や輸出企業が有利になる、ⓓ所得税や法人税の税率を引き下げる一方で消費税率を引き上げる政策は、能力に応じて税負担を課すという**「応能負担の原則」**に反する、と主張します。そもそも国の財政が悪化したのは、公共事業に国債を乱発し、業界団体にバラまき、公費の無駄づかいをしてきた歴代政府の失敗が原因なのに、政治家や高級官僚への課税を低くする所得税や法人税の税率を引き下げ、庶民に消費税率の引上げをおこなうのは問題と指摘します。

3　政教分離と靖国神社

憲法20条では**「信教の自由」**とともに、公権力と宗教の分離を求める**「政教分離」**が定められています。その政教分離を財政面から保障するため、憲法89条でも「宗教上の組織若しくは団体」などへの公金の支出が禁止されています。この規定は、とくに**靖国神社**と国家との関係を絶つことが目指されています。敗戦までの日本では、「天皇陛下や国家のための戦争で命を落すことは尊い」との洗脳教育が「家」や「公教育」を用いておこなわれました。そして「国のために死ねば靖国神社に神として祀られる。天皇陛下も参拝される。こんな名誉なことはない」と国民は洗脳されました。その結果、アジア・太平洋戦争の際、多くの国民は「天皇陛下万歳と叫んで名誉の戦死をして、靖国の神になります」と自分から言うようになりました。靖国神社は内務省所管の一般の神社とは異なり、陸・海軍省の所管でした。「靖国神社」は死んだ人を慰める「慰霊施設」ではなく、権力者の命令で死んだことを褒め称える「顕彰施設」でした。憲法で「政教分離」が定められたのは、靖国神社の歴史を踏まえ、再び宗教を戦争遂行の手段として利用させないためです。

ただ、実際には総理大臣が靖国神社に参拝することがありました。首相などの靖国神社への公式参拝は中国や韓国、アメリカなどとの外交問題に発展してきました。靖国神社への首相などの公式参拝は外交問題だけでなく、裁判でも争われてきました。そして首相の靖国神社の公式参拝は憲法違反、あるいは違憲の疑いがあるとの判決がしばしば出されています（仙台高判1991年1月10日、福岡地判2004年4月7日、大阪高判2005年9月30日など）。

4　国葬と財政民主主義

2022年７月、安倍晋三元首相が殺されましたが、数日後、岸田文雄首相は安倍氏の国葬の実施を決めました。９月27日には国葬が実施されました。国葬の実施には「法的根拠」があるのか、「思想及び良心の自由」（憲法19条）を侵害される人が出る、「法の下の平等」（憲法14条）から問題等の批判がありましたが、「財政民主主義」からも議論がありました。「国葬」の実施には当然、費用がかかりますが、「国の財政を処理する権限は、国会の議決に基いて、これを行使しなければならない」（憲法83条）からすれば、国会での審議が必要だという批判です。岸田政権は予備費（憲法87条）を根拠としましたが、同条の「予見し難い」とは、たとえば自然災害であり、それほど急ぐ必要性もない「国葬」を国会の審議を経ずに決定・実施したことが「財政民主主義」から正当化できるのかが議論となりました。内閣の一存で多額の予備費が使われることは、国の予算を決めるのは国会という「財政民主主義」（憲法83条）からは問題と指摘されています。

読んでほしい本など

・斎藤貴男『消費税のカラクリ』（筑摩書房、2019年）
・内田雅敏『靖国参拝の何が問題か』（平凡社新書、2014年）

（飯島滋明）

第19章　地方自治

1　ある自治体の提案

2017年6月、高知県大川村議会定例会にて、村長が議員の成り手不足や議員自体の高齢化率が高いことを理由として、村民総会の調査研究を始めるという提案をしたことが世間を騒がせました。村民総会とは、議会を廃する代わりに条例にて設置されるもので、選挙権を有する村民が集まり議案審議していく総会のことをいいますが（地方自治法〔以下、自治法〕94・95条）、注目された理由は、戦後では東京都宇津木村（現・八丈町）にて実施された事例しか存在しなかったからでした。しかし、このような傾向は大川村だけではなく、同様の検討をしている自治体が数多くあったことも判明しました（毎日新聞2017年5月29日）。

この原因の一つはもしかすると住民らの政治的関心の低さにあるかもしれません。7割超の投票率であった1975年の統一地方選の頃と比べると、2019年の多くの選挙が5割を下回り（2023年も類似）、無投票で当選する長や議員もかなり存在したからです。この点、2019年の大川村では、立候補者数が議員定数を超え選挙を無事に行うことができました。しかし、2023年は定数6人と同数の立候補届出により、無投票当選になりました。

このことは、地方議会の選挙にて政党に男女候補者数を均等にするよう努めさせる政治分野における男女共同参画の推進に関する法律（2018年5月16日成立）が描く社会を実現することも困難にさせているかもしれません。

2　「自治体の仕事なんて身近じゃない！」

このような話を聞いても「自治体や議会の仕事なんて身近じゃない！」こんな発言も聞こえてきそうです。でも、本当にそうでしょうか？　そのような方はぜひ自分の自治体のホームページを見てもらえるとよいと思います。たとえば、広瀬すずさん主演のNHK朝の連続テレビ小説「なつぞら」(2019年4～9月放映) の舞台となった北海道帯広市のホームページ(スマホ版)を開くとトップページには、「防災・消防・防犯」「教育・文化・スポーツ」「健康・福祉・子育て」「くらし・手続き」「観光・移住」「産業・ビジネス」「市政情報」なんて住民が生活していく上で重要な項目が示されています。また、ばんえい競馬や牧場めぐりなど「なつぞら」の世界観が味わえるスポット紹介、除雪情報など示されているところがその地域の自治体固有の情報ですが (2019年12月29日現在)、ここまで読んでも身近じゃないと感じたでしょうか?

3 地方自治とは

それでは、憲法が「地方自治」の章 (8章) を設けているのでここから話しを紐解いてみたいと思います。

この章の総論部分にあたる92条は「地方公共団体の組織及び運営に関する事項は、地方自治の本旨に基いて、法律でこれを定める」と規定しています。この条文に基づき、自治体に関わることは現在、たとえば、地方自治法や地方公務員法などの法律に規定されています。ただこれらの法律は“地方自治の本旨”に基づき制定されなければならないというところが注意点です。これは、「**住民自治**(地方自治が住民の意思に基づいて行われるという民主主義的要素)」と「**団体自治**(地方自治が国から独立した団体に委ねられ、団体自らの意思と責任の下でなされるという自由主義的・地方分権的要素)」の2つを指します (芦部信喜著・高橋和之補訂『憲法〔第八版〕』〔岩波書店、2023年〕393頁)。

この「住民自治」を実現する規定が、93条2項の住民による首長や議員などの直接選挙の部分といえます。また、「団体自治」を保障していると考えられる規定が、自治体が「その財産を管理し、事務を処理し、及び行政を執行する権能を有し、法律の範囲内で条例を制定することができる」とする94条です。これらの規定から自治体が議事機関としての議会と執行機関の二元代表制を採用していること、国政に比べ住民の自治体への関わり具合が深いことが理解できると思います。自治体が何を指すのかは憲法には書かれていませんが、市町村と都道府県を指すと考えられています。

4　大日本帝国憲法時の地方制度

ではなぜこのような章が設けられたのでしょうか。大日本帝国憲法はこのような規定を持っておらず、府県制郡制や市制町村制などの法律によって地方制度の枠組が示されていました。これらの法律は何度も改正されているので時期や場所によって程度の差はあるのですが、おおまかにまとめると、この当時の地方は中央の出先機関のような扱いを受け、府県知事が国の官吏であったり、市町村行政も知事や内務大臣の監督下に置かれたりしました。また、交通不便であったり民度が低いと位置づけられた地域には更なる制限をしたり法制度自体を適用しない場合もあったのです（たとえば、島嶼町村制や名主制度）。

したがって、憲法が地方自治の章を設けた意義は大きく、そこから①中央集権的な地方制度を否定したこと、②過疎地域でも交通不便な離島でもそれぞれの自治体に住む住民に自治が認められたこと、③それぞれの自治体や国が対等な関係にあること、を読み取ることができるのです。ただ、1999年の法改正まで存在した、国の事務を大幅に自治体の長に委任した機関委任事務など、国による地方への関与・統制が続いている現実があります（以上の話や第1部3章9の視点から国の辺野古代執行事例に関して検討してみてください）。

5　住民自治を実現する住民の権利

ところで、憲法が示す「住民自治」を実現する方法が地方自治法の中に示されていて、これを直接請求権と言います。具体的には、住民は条例の制定・改正・廃止の請求（74条）、事務監査請求（75条）、議会の解散請求（76条）、議員の解職請求（80条）、長の解職請求（81条）、主要公務員の解職請求（86条）ができます。

また、住民は、長・委員会・委員・職員について、違法・不当な公金の支出や財産の取得などがあるとされる場合、監査委員に対し、監査請求することができますし（242条）、監査結果に不服がある時などの場合、裁判所に提訴することができるのです（242条の2）。その他、あまり機能しているとはいえませんが、請願（憲法16条、自治法124条）も住民自治を実現する一つの手法といえるかもしれません。

ところで、憲法が規定する地方特別法に対する住民投票や解職請求における住民投票とは別に、地域の重要な政策決定に関して住民投票条例などを定めて行う住民投票が近年数多く実施されています。たとえば、大阪都構想、原発設置や小学校へのエアコン設置の是非を問うものがありましたし、2019年2月には、沖縄県で、辺野古米軍基地建設のための埋立ての賛否を問う県民投票がありました。ただ、先の2つの住民投票とは異なり、法的拘束力がない諮問型の住民投票が一般的です。

6 新たな議論に目を向ける

近年地方自治制度をめぐる議論が数多く出されています。例えば、コロナ禍初期、感染拡大を防ぐため、議会傍聴制限どころか禁止にした所もあったようです。2020年4月の総務省通知を受け、自治体議会の中には、委員会条例を改正し、①今回のような非常時のみ議員のオンライン参加を認める型、②平時でも妊娠や介護を理由とする議員のオンライン参加を認める型が登場しました（更に、オンライン議会開催も模索する大津市や取手市の事例もあります）。他の例としては、地方を主に1つのブロックとし9～13の広域単位の自治体（道州）を設置し、国から広範な権限と財源を移管する道州制です。住民自治や団体自治をふまえた自治体運営には住民数や地理的条件などをふまえた適正規模があるといわれるのですが、市町村を残した上で都道府県を廃止し道州に置き換えるこの制度は地方自治の本旨に基づいているといえるか、考える必要があると思われます。また、これは国が推進した平成の市町村合併でも検証し直す必要がある問題ですが、その検証もままならないまま、人口減少が進む地域の住民サービスを維持するために複数の市町村で構成する新たな行政単位である圏域構想が2018年7月、総務省の有識者研究会で提言されました。このような動きもふまえつつ、まずは自分の住んでいる自治体との関わりをもってもらえたらと思います。

読んでほしい本など

・曽我謙悟『日本の地方政府――1700自治体の実態と課題』（中央公論新社、2019年）
・村林守『地方自治のしくみがわかる本』（岩波ジュニア新書、2016年）

（榎澤幸広）

第20章 最高法規・憲法保障・憲法改正

1 歴史的背景

(1) 大日本帝国憲法における憲法保障「的」な規定とその運用

究極的には個人の人権を保障するために憲法は最高法規とされ、憲法の最高法規性を軸に、違憲審査制、憲法尊重擁護義務などによって憲法秩序を保持する考え、制度のことを**憲法保障**といいます。大日本帝国憲法（1889年）の実質的内容と運用は反憲法保障的なものでしたし、日本国憲法で規定されている実質的な**憲法保障規定**はそもそもありませんでした。**最高法規規定**らしき条項はあったのですが（大日本帝国憲法76条）、よく読むと憲法と矛盾しない法律やその他の命令等が有効であるといっているだけで、憲法の枠組みを外れた法令等の効力についてなにもいっていません。形式的には憲法の枠内とはいえ、実質的に憲法の枠外の各種の大権を認めている以上、このような規定にならざるを得ないのです。もちろん、**違憲審査制**など実効的な**憲法保障**の制度もありませんでした。

(2) 日本国憲法制定時の最高法規、憲法保障、憲法改正の規定の意図

日本国憲法は、大日本帝国憲法には実質的に**憲法保障規定**がなかったこと、憲法でありながらいわば**反憲法的**な性格の規定をもっており、それが実際に反憲法的な運用をされたことを反省して、**人権保障**のための憲法の**最高法規性**の宣言（憲法97条）、そのための法秩序における憲法の最高法規性（98条）、国家機構に憲法を守らせるための公務員の憲法尊重擁護義務（99条）、実際に憲法にしたがっているかどうかを裁判所が判断する違憲審査制（81条）を明確に規定し、憲法改正でも衆議院と参議院の特別多数の発議と国民投票による承認（96条）を規定しました。

2 関係する憲法の条項・原理原則

(1) 最高法規――人権保障の基本法として最高法規・憲法

日本国憲法は形式的にも、実質的にも憲法の最高法規性を明確にしています。このうち、人権保障のため、究極的には尊厳を持った存在であるすべての個人を最大限尊重するために憲法より下位にある法令や国家の活動が人権保障のための基本的な実定法規範である憲法に従わなければならないということを定めている憲法97条がまず重要になります。人権保障と**人権の永久不可侵性**については11条が、多年の努力によってようやく獲得した人権の歴史性については12条が規定していますが、97条は憲法の最高法規性についての実質的根拠として規定されていますので、役割がまったく異なります。

(2) 憲法保障――具体的に権力をどのようにして憲法に従わせるか

法治国原理からすれば、公務員は法に、そして憲法に従うはずです。しかし立法権、行政権がそれぞれ自身にとって正しい法解釈を主張しますので、もめることもありえます。そこで憲法99条では明示的に**公務員の憲法尊重擁護義務**をさだめ、裁判所に**憲法適合性**について判断させ（**違憲審査制**）（→本書2部17章）、**憲法秩序**を保障し、それによって人権も保障する仕組みを設けています。また、究極的には国民がもつ人権を不断に保持する努力（憲法12条）も広い意味での憲法保障の一環といえるでしょう。

(3) 憲法改正

憲法も法令ですので、改正はありえます。そのため日本国憲法でも96条で、衆議院と参議院それぞれで3分の2以上の特別多数による発議と国民投票の過半数による承認によって改正できることになっています。通常の法律改正より厳格な改正規定を設けています（**硬性憲法**）。学説上は、憲法としての一体性がなくなるような改正、つまり人権保障、国民主権、平和主義といった基本原理を排除するような改正、**硬性憲法**の仕組みである改正条項（96条）は改正限界に該当し、また、基本的には部分改正を改正として想定しているとされています。

3 現状

(1) 違憲審査制

2024年1月現在で、衆議院議員定数配分規定違憲判決（最大判1976年4月14日）などの**法令違憲判決**が12件、愛媛玉串料違憲判決（最大判1997年4月2日）などの**適用違憲判決**が13件だされています。この少なさから**司法消極主義**が批判の対象となっています。しかし、憲法判断（合憲判断）は積極的にしています。憲法上問題があっても、どんどん合憲判決を出してしまっては本末転倒ですので、**司法積極主義**に転換すればいいというものではないともいえる現状にあります。

(2) 憲法尊重擁護義務

戦前に比べれば、権力が相当に憲法を遵守しているとはいえますが、1990年代から、とくに2010年代から憲法上の規定を公然と無視するようなことが目立ってきており、深刻な状況であるといえます。たとえば、**自衛権**概念の憲法適合性は、政府解釈でも、憲法9条2項で規定している戦力に該当しないということをいうために解釈上非常に繊細な扱いを必要とし、緻密な議論が国会でもなされてきたものですが、その解釈についての議論の積み重ねからは導き出されるはずのない**集団的自衛権**の合憲性を閣議決定であっさりと決めてしまいました（2014年7月1日臨時閣議での閣議決定）。2017年には、憲法53条によって衆議院、参議院のどちらかの総議員の4分1以上の要求があれば臨時国会を開かなければならないとされているにもかかわらず、その要求を無視しました。

(3) 日本国憲法の改正手続に関する法律（憲法改正国民投票法）

憲法改正手続を具体的に規定する日本国憲法の改正手続に関する法律（2007年）は制定されていますが、最低投票率がない、十分なコマーシャル・ネット規制がない、投票運動期間が短すぎるなどの問題が指摘されています。十分な憲法改正の議論を国民がするためには、広告規制と投票運動規制、期間の延長などを内容とする法改正が考えられます。法改正に組入れることには議論がありえますが、なんらかのかたちでフェイクニュースに対応することも必要です。

4 現状について憲法理念からどう考えられるか

(1) 司法積極主義について

量的なことも重要ですが、裁判所が本当にまともな憲法判断をしているかどうかを監視していくことが考えられます。そのためには、**最高裁裁判官の国民審査**をもっと実効性のある仕組みにしていく、憲法原理・憲法価値により忠実な裁判官が任用されるようにしていくといった制度的な仕組みを変えていくこと、統治行為・政治問題や人権の私人間効力など憲法判断を制限している理論を再検討するといったことがありえるでしょう。そうすることで合憲判断積極主義から憲法原理や憲法価値により忠実な司法積極主義に転換していくことになるとも考えられます。

(2) 政府が公然と憲法違反を繰り返す場合にどうすればいいのか

「憲法にはいついつまでに臨時国会を開かなければならないとは書かれていないので、次の年に開いても問題はない」というむちゃくちゃなことを強弁するような人がまともな憲法解釈に従うとは考えられません。こうした場合、立法によって明文規定で従わせる（この場合であれば、国会法の規定を変えて期限を明確にする）、また、これは実現が難しいですが、裁判所に訴えて違憲判決を勝ちとって従わせることが考えられます。立法や裁判も重要ですが、究極的には権力に憲法を守らせる国民の努力にかかっていますし、憲法により忠実な政治勢力を議会の多数派にし、憲法により忠実な裁判官を任用することも議論の対象になるでしょう。

(3) そもそも憲法改正の必要性をどのように判断するのか

憲法改正は、通常の政治問題ではなく、根本的な憲法政治の問題であり、主権者の根本的な判断を必要とします。それゆえに代議制ではなく、国民投票による決定を行うのです。憲法の規定に、憲法改正以外では解消することができない具体的な問題が存在し、実際に支障が生じていることが国民の大多数に認識され、国民的議論がすでに展開されている状況が憲法改正の必要性の目安として考えられます。

読んでほしい本など

・樋口陽一 = 小林節『「憲法改正」の真実』（集英社、2016年）

（奥田喜道）

資料1

困ったときの相談先

1　刑事事件

万が一、警察などに身に覚えのない犯罪の疑いをかけられ、逮捕などされた際、「やってないので警察は分かってくれる」などと考えたら、たいへんな目に遭うかもしれません。実際、本書第2部15章で紹介したように多くの冤罪（えんざい）が生み出されています。一刻も早く「弁護士」に依頼し、対応する必要があります。ただ、実は刑事事件に精通している弁護士は多くありません。直ちに刑事事件に精通している弁護士を見つけることが重要です。

では、どうやってそうした弁護士を見つけるか。いろいろ目安がありますが、ここではホームページなどで「刑事裁判」の実績が多く紹介されていることを一つの目安として紹介します。とりわけ「1回でも無罪判決を勝ち取った弁護士」は極めて実力のある弁護士といえます。起訴は検事正や次席検事などが検討したうえでなされます。何人もの検察が検討したうえで起訴された事件で無罪判決を勝ち取れたのであれば、その弁護士の実力は相当なものです。なお、検察官あがりの弁護士、いわゆる**「ヤメ検」**は刑事事件に精通していると思われるかもしれません。しかし、実際には元の職場の検察と妥協することも少なくないという法律家の評価もあります。

なお、逮捕された場合には直ちに**「当番弁護士」**を依頼するように警察に伝えてください。初回の相談は無料です。

2　法律トラブルなど

法律トラブルで困っている人、犯罪被害者などに適切な機関の紹介や、経済的に余裕のない人への無料法律相談、必要な場合には弁護士費用や司法書士費用の立替も行う機関、そして国選弁護人との契約や国選弁護人への報酬の支払い業務などを行う機関として、**「法テラス」（正式名称：日本司法支援センター）**があります。

法律トラブルで困っている人の電話窓口は「0570－078374（おなやみなし）」、犯罪被害者ダイヤルは「0570－079714（なくことないよ）」です。メールの問い合わせも可能です。英語、中国語、韓国語、スペイン語、ポルトガル語、ベトナム語、タガログ語、タイ語等を話す人の窓口として「0570-078377（おなやみないない）」も用意されています。

3　労働問題

現在の日本では、労働基準法などの労働法規を守らず、「サービス残業」「長時間労働」などを労働者に課す、いわゆる「ブラック企業」が社会問題となっています。また、バイトのシフトを一方的に決められたために授業にすら出席できないといった、「ブラックバイト」も社会問題となっています。こうした労働法違反の行為に対しては、①労働基準監督署、②労働組合、③弁護士、に相談してみてください。

4　児童虐待など

殴る・蹴るなどの「身体的虐待」、「性的虐待」、食事を与えない、病院に連れて行かないなどの「ネグレクト」、子どもの面前でのDVなどの「心理的虐待」のような児童虐待が疑われる場合、児童虐待防止法では**「児相」（児童相談所）**への通報が求められています。児相の全国共通ダイヤルは「189（いちはやく）」です。

5　協議離婚の際の養育費や不倫慰謝料の示談金など

協議離婚の際の養育費や不倫慰謝料の示談金などの契約を**「公正証書」**として作成する機関として、**「公証役場」**があります。全国に300カ所あり、法務省が管轄する役場です。公証役場では公証人手数料などの料金がかかりますが、公正証書は公文書であり、公証役場で原本が20年間保管されます。公正証書は契約に関して裁判になったときには証拠として採用されます。また、公正証書は「執行証書」の性格を併せ持ち、契約の支払いが滞った際には強制執行が認められます。

6　配偶者や恋人からのDVなど

殴る・蹴るなどの「身体的暴力」、友好関係を細かく監視するなどの「心理的攻撃」、生活費を渡さなかったりお金を返さないなどの「経済的圧迫」などの「暴力」に悩んでいる人には、内閣府の**「DV相談ナビ」**（#8008）があります。この窓口から**「配偶者暴力相談支援センター」**等の紹介が受けられます。匿名の相談もできます。夫婦間だけでなく、恋人からのDV、たとえば携帯電話の着信履歴やメールをチェックする等の「デートDV」の際も「配偶者暴力相談支援センター」で相談を受けられます。つきまとい、ストーカー行為の被害については警察や各都道府県にある**「女性相談支援センター」**などに相談できます。

（飯島滋明）

資料2

法学・憲法の基本書

法学や憲法に関しても、たくさん良い本があります。その中で本書との関係でさらにおすすめの本を紹介します。

1　法学の基本書

・井口茂著／吉田利宏補訂『判例を学ぶ〔新版〕』（法学書院、2010年）
・池田真朗編『プレステップ　法学〔第3版〕』（弘文堂、2019年）
・伊藤真『伊藤真の法学入門　補訂』（日本評論社、2017年）
・第二東京弁護士会 五月会 くらしの法律研究会『困ったときの くらしの法律知識Q & A』（清文社、2015年）
・団藤重光『法学の基礎〔第2版〕』（有斐閣、2007年）
・吉田利宏『法律を読む技術・学ぶ技術』〔改訂第4版〕（ダイヤモンド社、2022年）

2　憲法の基本書

・芦部信喜著・高橋和之補訂『憲法〔第8版〕』（岩波書店、2023年）
・「あたらしい憲法のはなし・民主主義」企画・編集委員会編『【文部省著作教科書】あたらしい憲法のはなし・民主主義』（展望社、2004年）
・伊藤真『伊藤真の憲法入門〔第6版〕』（日本評論社、2017年）
・工藤達朗編『憲法判例インデックス』（商事法務、2014年）
・小林直樹『新版　憲法講義上・下』（東京大学出版会、1980・1981年）
・佐藤幸治『日本国憲法論』（成文堂、2011年）
・辻村みよ子『憲法〔第7版〕』（日本評論社、2021年）
・長谷部恭男・石川健治・宍戸常寿編『憲法判例百選Ⅰ・Ⅱ〔第7版〕』（有斐閣、2019年）
・山内敏弘・古川純『新版　憲法の現況と展望』（北樹出版、2002年）

資料3

日本国憲法

（全条文）
1946（昭和21）年11月3日公布
1947（昭和22）年5月3日施行

＊衆議院ホームページより
〈n.go.jp/internet/itdb_annai.nsf/html/statics/shiryo/dl-constitution.htm#zen〉
＊＊条文見出しは原文には付いていないが、〔　〕内は衆議院が付したものである。

目次

朕は、日本国民の総意に基いて、新日本建設の礎が、定まるに至つたことを、深くよろこび、枢密顧問の諮詢及び帝国憲法第七十三条による帝国議会の議決を経た帝国憲法の改正を裁可し、ここにこれを公布せしめる。

御名御璽

昭和二十一年十一月三日

内閣総理大臣兼外務大臣……………………………吉田　茂
国務大臣……………………………………男爵　幣原　喜重郎
司法大臣…………………………………………木村　篤太郎
内務大臣…………………………………………大村　清一
文部大臣…………………………………………田中　耕太郎
農林大臣…………………………………………和田　博雄
国務大臣…………………………………………斎藤　隆夫
逓信大臣…………………………………………一松　定吉
商工大臣…………………………………………星島　二郎
厚生大臣…………………………………………河合　良成
国務大臣…………………………………………植原　悦二郎
運輸大臣…………………………………………平塚　常次郎
大蔵大臣…………………………………………石橋　湛山
国務大臣…………………………………………金森　徳次郎
国務大臣…………………………………………膳　桂之助

日本国憲法

日本国民は、正当に選挙された国会における代表者を通じて行動し、われらとわれらの子孫のために、諸国民との協和による成果と、わが国全土にわたつて自由のもたらす恵沢を確保し、政府の行為によつて再び戦争の惨禍が起ることのないやうにすることを決意し、ここに主権が国民に存することを宣言し、この憲法を確定する。そもそも国政は、国民の厳粛な信託によるものであつて、その権威は国民に由来し、その権力は国民の代表者がこれを行使し、その福利は国民がこれを享受する。これは人類普遍の原理であり、この憲法は、かかる原理に基くものである。われらは、これに反する一切の憲法、法令及び詔勅を排除する。

日本国民は、恒久の平和を念願し、人間相互の関係を支配する崇高な理想を深く自覚するのであつて、平和を愛する諸国民の公正と信義に信頼して、われらの安全と生存を保持しようと決意した。われらは、平和を維持し、専制と隷従、圧迫と偏狭を地上から永遠に除去しようと努めてゐる国際社会において、名誉ある地位を占めたいと思ふ。われらは、全世界の国民が、ひとしく恐怖と欠乏から免かれ、平和のうちに生存する権利を有することを確認する。

われらは、いづれの国家も、自国のことのみに専念して他国を無視してはならないのであつて、政治道徳の法則は、普遍的なものであり、この法則に従ふことは、自国の主権を維持し、他国と対等関係に立たうとする各国の責務であると信ずる。

日本国民は、国家の名誉にかけ、全力をあげてこの崇高な理想と目的を達成することを誓ふ。

第一章　天皇

〔天皇の地位と主権在民〕

第一条　天皇は、日本国の象徴であり日本国民統合の象徴であつて、この地位は、主権の存する日本国民の総意に基く。

〔皇位の世襲〕

第二条　皇位は、世襲のものであつて、国会の議決した皇室典範の定めるところにより、これを継承する。

〔内閣の助言と承認及び責任〕

第三条　天皇の国事に関するすべての行為には、内閣の助言と承認を必要とし、内閣が、その責任を負ふ。

〔天皇の権能と権能行使の委任〕

第四条　天皇は、この憲法の定める国事に関する行為のみを行ひ、国政に関する権能を有しない。

2　天皇は、法律の定めるところにより、その国事に関する行為を委任することができる。

〔摂政〕

第五条　皇室典範の定めるところにより摂政を置くときは、摂政は、天皇の名でその国事に関する行為を行ふ。この場合には、前条第一項の規定を準用する。

〔天皇の任命行為〕

第六条　天皇は、国会の指名に基いて、内閣総理大臣を任命する。

2　天皇は、内閣の指名に基いて、最高裁判所の長たる裁判官を任命する。

〔天皇の国事行為〕

第七条　天皇は、内閣の助言と承認により、国民のために、左の国事に関する行為を行ふ。

一　憲法改正、法律、政令及び条約を公布すること。

二　国会を召集すること。

三　衆議院を解散すること。

四　国会議員の総選挙の施行を公示すること。

五　国務大臣及び法律の定めるその他の官吏の任免並びに全権委任状及び大使及び公使の信任状を認証すること。

六　大赦、特赦、減刑、刑の執行の免除及び復権を認証すること。

七　栄典を授与すること。

八　批准書及び法律の定めるその他の外交文書を認証すること。

九　外国の大使及び公使を接受すること。

十　儀式を行ふこと。

〔財産授受の制限〕

第八条　皇室に財産を譲り渡し、又は皇室が、財産を譲り受け、若しくは賜与することは、国会の議決に基かなければならない。

第二章　戦争の放棄

〔戦争の放棄と戦力及び交戦権の否認〕

第九条　日本国民は、正義と秩序を基調とする国際平和を誠実に希求し、国権の発動たる戦争と、武力による威嚇又は武力の行使は、国際紛争を解決する手段としては、永久にこれを放棄する。

2　前項の目的を達するため、陸海空軍その他の戦力は、これを保持しない。国の交戦権は、これを認めない。

第三章　国民の権利及び義務

〔国民たる要件〕

第十条　日本国民たる要件は、法律でこれを定める。

〔基本的人権〕

第十一条　国民は、すべての基本的人権の享有を妨げられない。この憲法が国民に保障する基本的人権は、侵すことのできない永久の権利として、現在及び将来の国民に与へられる。

〔自由及び権利の保持義務と公共福祉性〕

第十二条　この憲法が国民に保障する自由及び権利は、国民の不断の努力によつて、これを保持しなければならない。又、国民は、これを濫用してはならないのであつて、常に公共の福祉のためにこれを利用する責任を負ふ。

〔個人の尊重と公共の福祉〕

第十三条　すべて国民は、個人として尊重される。生命、自由及び幸福追求に対する国民の権利については、公共の福祉に反しない限り、立法その他の国政の上で、最大の尊重を必要とする。

〔平等原則、貴族制度の否認及び栄典の限界〕

第十四条　すべて国民は、法の下に平等であつて、人種、信条、性別、社会的身分又は門地により、政治的、経済的又は社会的関係において、差別されない。

2　華族その他の貴族の制度は、これを認めない。

3　栄誉、勲章その他の栄典の授与は、いかなる特権も伴はない。栄典の授与は、現にこれを有し、又は将来これを受ける者の一代に限り、その効力を有する。

〔公務員の選定罷免権、公務員の本質、普通選挙の保障及び投票秘密の保障〕

第十五条　公務員を選定し、及びこれを罷免することは、国民固有の権利である。

2　すべて公務員は、全体の奉仕者であつて、一部の奉仕者ではない。

3　公務員の選挙については、成年者による普通選挙を保障する。

4　すべて選挙における投票の秘密は、これを侵してはならない。選挙人は、その選択に関し公的にも私的にも責任を問はれない。

〔請願権〕

第十六条　何人も、損害の救済、公務員の罷免、法律、命令又は規則の制定、廃止又は改正その他の事項に関し、平穏に請願する権利を有し、何人も、かかる請願をしたためにいかなる差別待遇も受けない。

〔公務員の不法行為による損害の賠償〕

第十七条　何人も、公務員の不法行為により、損害を受けたときは、法律の定めるところにより、国又は公共団体に、その賠償を求めることができる。

〔奴隷的拘束及び苦役の禁止〕

第十八条　何人も、いかなる奴隷的拘束も受けない。又、犯罪に因る処罰の場合を除いては、その意に反する苦役に服させられない。

〔思想及び良心の自由〕

第十九条　思想及び良心の自由は、これを侵してはならない。

〔信教の自由〕

第二十条　信教の自由は、何人に対してもこれを保障する。いかなる宗教団体も、国から特権を受け、又は政治上の権力を行使してはならない。

2　何人も、宗教上の行為、祝典、儀式又は行事に参加することを強制されない。

3　国及びその機関は、宗教教育その他いかなる宗教的活動もしてはならない。

〔集会、結社及び表現の自由と通信秘密の保護〕

第二十一条　集会、結社及び言論、出版その他一切の表現の自由は、これを保障する。

2　検閲は、これをしてはならない。通信の秘密は、これを侵してはならない。

〔居住、移転、職業選択、外国移住及び国籍離脱の自由〕

第二十二条　何人も、公共の福祉に反しない限り、居住、移転及び職業選択の自由を有する。

2　何人も、外国に移住し、又は国籍を離脱する自由を侵されない。

〔学問の自由〕

第二十三条　学問の自由は、これを保障する。

〔家族関係における個人の尊厳と両性の平等〕

第二十四条　婚姻は、両性の合意のみに基いて成立し、夫婦が同等の権利を有することを基本として、相互の協力により、維持されなければならない。

2　配偶者の選択、財産権、相続、住居の選定、離婚並びに婚姻及び家族に関するその他の事項に関しては、法律は、個人の尊厳と両性の本質的平等に立脚して、制定されなければならない。

〔生存権及び国民生活の社会的進歩向上に努める国の義務〕

第二十五条　すべて国民は、健康で文化的な最低限度の生活を営む権利を有する。

2　国は、すべての生活部面について、社会福祉、社会保障及び公衆衛生の向上及び増進に努めなければならない。

〔教育を受ける権利と受けさせる義務〕

第二十六条　すべて国民は、法律の定めるところにより、その能力に応じて、ひとしく教育を受ける権利を有する。

2　すべて国民は、法律の定めるところにより、その保護する子女に普通教育を受けさせる義務を負ふ。義務教育は、これを無償とする。

〔勤労の権利と義務、勤労条件の基準及び児童酷使の禁止〕

第二十七条　すべて国民は、勤労の権利を有し、義務を負ふ。

2　賃金、就業時間、休息その他の勤労条件に関する基準は、法律でこれを定める。

3　児童は、これを酷使してはならない。

〔勤労者の団結権及び団体行動権〕

第二十八条　勤労者の団結する権利及び団体交渉その他の団体行動をする権利は、これを保障する。

〔財産権〕

第二十九条　財産権は、これを侵してはならない。

2　財産権の内容は、公共の福祉に適合するやうに、法律でこれを定める。

3　私有財産は、正当な補償の下に、これを公共のために用ひることができる。

〔納税の義務〕

第三十条　国民は、法律の定めるところにより、納税の義務を負ふ。

〔生命及び自由の保障と科刑の制約〕

第三十一条　何人も、法律の定める手続によらなければ、その生命若しくは自由を奪はれ、又はその他の刑罰を科せられない。

〔裁判を受ける権利〕

第三十二条　何人も、裁判所において裁判を受ける権利を奪はれない。

〔逮捕の制約〕

第三十三条　何人も、現行犯として逮捕される場合を除いては、権限を有する司法官憲が発し、且つ理由となつてゐる犯罪を明示する令状によらなければ、逮捕されない。

〔抑留及び拘禁の制約〕

第三十四条　何人も、理由を直ちに告げられ、且つ、直ちに弁護人に依頼する権利を与へられなければ、抑留又は拘禁されない。又、何人も、正当な理由がなければ、拘禁されず、要求があれば、その理由は、直ちに本人及びその弁護人の出席する公開の法廷で示されなければならない。

〔侵入、捜索及び押収の制約〕

第三十五条　何人も、その住居、書類及び所持品について、侵入、捜索及び押収を受けることのない権利は、第三十三条の場合を除いては、正当な理由に基いて発せられ、且つ捜索する場所及び押収する物を明示する令状がなければ、侵されない。

2　捜索又は押収は、権限を有する司法官憲が発する各別の令状により、これを行ふ。

〔拷問及び残虐な刑罰の禁止〕

第三十六条　公務員による拷問及び残虐な刑罰は、絶対にこれを禁ずる。

〔刑事被告人の権利〕

第三十七条　すべて刑事事件においては、被告人は、公平な裁判所の迅速な公開裁判を受ける権利を有する。

2　刑事被告人は、すべての証人に対して審問する機会を充分に与へられ、又、公費で自己のために強制的手続により証人を求める権利を有する。

3　刑事被告人は、いかなる場合にも、資格を有する弁護人を依頼することができる。被告人が自らこれを依頼することができないときは、国でこれを附する。

〔自白強要の禁止と自白の証拠能力の限界〕

第三十八条　何人も、自己に不利益な供述を強要されない。

2　強制、拷問若しくは脅迫による自白又は不当に長く抑留若しくは拘禁された後の自白は、これを証拠とすることができない。

3　何人も、自己に不利益な唯一の証拠が本人の自白である場合には、有罪とされ、又は刑罰を科せられない。

〔遡及処罰、二重処罰等の禁止〕

第三十九条　何人も、実行の時に適法であつた行為又は既に無罪とされた行為については、刑事上の責任を問はれない。又、同一の犯罪について、重ねて刑事上の責任を問はれない。

〔刑事補償〕

第四十条　何人も、抑留又は拘禁された後、無罪の裁判を受けたときは、法律の定めるところにより、国にその補償を求めることができる。

第四章　国会

〔国会の地位〕

第四十一条　国会は、国権の最高機関であつて、国の唯一の立法機関である。

〔二院制〕

第四十二条　国会は、衆議院及び参議院の両議院でこれを構成する。

〔両議院の組織〕

第四十三条　両議院は、全国民を代表する選挙された議員でこれを組織する。

2　両議院の議員の定数は、法律でこれを定める。

〔議員及び選挙人の資格〕

第四十四条　両議院の議員及びその選挙人の資格は、法律でこれを定める。但し、人種、信条、性別、社会的身分、門地、教育、財産又は収入によつて差別してはならない。

〔衆議院議員の任期〕

第四十五条　衆議院議員の任期は、四年とする。但し、衆議院解散の場合には、その期間満了前に終了する。

〔参議院議員の任期〕

第四十六条　参議院議員の任期は、六年とし、三年ごとに議員の半数を改選する。

〔議員の選挙〕

第四十七条　選挙区、投票の方法その他両議院の議員の選挙に関する事項は、法律でこれを定める。

〔両議院議員相互兼職の禁止〕

第四十八条　何人も、同時に両議院の議員たることはできない。

〔議員の歳費〕

第四十九条　両議院の議員は、法律の定めるところにより、国庫から相当額の歳費を受ける。

〔議員の不逮捕特権〕

第五十条　両議院の議員は、法律の定める場合を除いては、国会の会期中逮捕されず、会期前に逮捕された議員は、その議院の要求があれば、会期中これを釈放しなければならない。

〔議員の発言表決の無答責〕

第五十一条　両議院の議員は、議院で行つた演説、討論又は表決について、院外で責任を問はれない。

〔常会〕

第五十二条　国会の常会は、毎年一回これを召集する。

〔臨時会〕

第五十三条　内閣は、国会の臨時会の召集を決定することができる。いづれかの議院の総議員の四分の一以上の要求があれば、内閣は、その召集を決定しなければならない。

〔総選挙、特別会及び緊急集会〕

第五十四条　衆議院が解散されたときは、解散の日から四十日以内に、衆議院議員の総選挙を行ひ、その選挙の日から三十日以内に、国会を召集しなければならない。

2　衆議院が解散されたときは、参議院は、同時に閉会となる。但し、内閣は、国に緊急の必要があるときは、参議院の緊急集会を求めることができる。

3　前項但書の緊急集会において採られた措置は、臨時のものであつて、次の国会開会の後十日以内に、衆議院の同意がない場合には、その効力を失ふ。

〔資格争訟〕

第五十五条　両議院は、各々その議員の資格に関する争訟を裁判する。但し、議員の議席を失はせるには、出席議員の三分の二以上の多数による議決を必要とする。

〔議事の定足数と過半数議決〕

第五十六条　両議院は、各々その総議員の三分の一以上の出席がなければ、議事を開き議決することができない。

2　両議院の議事は、この憲法に特別の定のある場合を除いては、出席議員の過半数でこれを決し、可否同数のときは、議長の決するところによる。

〔会議の公開と会議録〕

第五十七条　両議院の会議は、公開とする。但し、出席議員の三分の二以上の多数で議決したときは、秘密会を開くことができる。

2　両議院は、各々その会議の記録を保存し、秘密会の記録の中で特に秘密を要すると認められるもの以外は、これを公表し、且つ一般に頒布しなければならない。

3　出席議員の五分の一以上の要求があれば、各議員の表決は、これを会議録に記載しなければならない。

〔役員の選任及び議院の自律権〕

第五十八条　両議院は、各々その議長その他の役員を選任する。

2　両議院は、各々その会議その他の手続及び内部の規律に関する規則を定め、又、院内の秩序をみだした議員を懲罰することができる。但し、議員を除名するには、出席議員の三分の二以上の多数による議決を必要とする。

〔法律の成立〕

第五十九条　法律案は、この憲法に特別の定のある場合を除いては、両議院で可決したとき法律となる。

2　衆議院で可決し、参議院でこれと異なつた議決をした法律案は、衆議院で出席議員の三分の二以上の多数で再び可決したときは、法律となる。

3　前項の規定は、法律の定めるところにより、衆議院が、両議院の協議会を開くことを求めることを妨げない。

4　参議院が、衆議院の可決した法律案を受け取つた後、国会休会中の期間を除いて六十日以内に、議決しないときは、衆議院は、参議院がその法律案を否決したものとみなすことができる。

〔衆議院の予算先議権及び予算の議決〕

第六十条　予算は、さきに衆議院に提出しなければならない。

2　予算について、参議院で衆議院と異なつた議決をした場合に、法律の定めるところにより、両議院の協議会を開いても意見が一致しないとき、又は参議院が、衆議院の可決した予算を受け取つた後、国会休会中の期間を除いて三十日以内に、議決しないときは、衆議院の議決を国会の議決とする。

〔条約締結の承認〕

第六十一条　条約の締結に必要な国会の承認については、前条第二項の規定を準用する。

〔議院の国政調査権〕

第六十二条　両議院は、各々国政に関する調査を行ひ、これに関して、証人の出頭及び証言並びに記録の提出を要求することができる。

〔国務大臣の出席〕

第六十三条　内閣総理大臣その他の国務大臣は、両議院の一に議席を有すると有しないとにかかはらず、何時でも議案について発言するため議院に出席することができる。又、答弁又は説明のため出席を求められたときは、出席しなければならない。

〔弾劾裁判所〕

第六十四条　国会は、罷免の訴追を受けた裁判官を裁判するため、両議院の議員で組織する弾劾裁判所を設ける。

2　弾劾に関する事項は、法律でこれを定める。

第五章　内閣

〔行政権の帰属〕

第六十五条　行政権は、内閣に属する。

〔内閣の組織と責任〕

第六十六条　内閣は、法律の定めるところにより、その首長たる内閣総理大臣及びその他の国務大臣でこれを組織する。

2　内閣総理大臣その他の国務大臣は、文民でなければならない。

3　内閣は、行政権の行使について、国会に対し連帯して責任を負ふ。

〔内閣総理大臣の指名〕

第六十七条　内閣総理大臣は、国会議員の中から国会の議決で、これを指名する。この指名は、他のすべての案件に先だつて、これを行ふ。

2　衆議院と参議院とが異なつた指名の議決をした場合に、法律の定めるところにより、両議院の協議会を開いても意見が一致しないとき、又は衆議院が指名の議決をした後、国会休会中の期間を除いて十日以内に、参議院が、指名の議決をしないときは、衆議院の議決を国会の議決とする。

〔国務大臣の任免〕

第六十八条 内閣総理大臣は、国務大臣を任命する。但し、その過半数は、国会議員の中から選ばれなければならない。

2 内閣総理大臣は、任意に国務大臣を罷免することができる。

〔不信任決議と解散又は総辞職〕

第六十九条 内閣は、衆議院で不信任の決議案を可決し、又は信任の決議案を否決したときは、十日以内に衆議院が解散されない限り、総辞職をしなければならない。

〔内閣総理大臣の欠缺又は総選挙施行による総辞職〕

第七十条 内閣総理大臣が欠けたとき、又は衆議院議員総選挙の後に初めて国会の召集があつたときは、内閣は、総辞職をしなければならない。

〔総辞職後の職務続行〕

第七十一条 前二条の場合には、内閣は、あらたに内閣総理大臣が任命されるまで引き続きその職務を行ふ。

〔内閣総理大臣の職務権限〕

第七十二条 内閣総理大臣は、内閣を代表して議案を国会に提出し、一般国務及び外交関係について国会に報告し、並びに行政各部を指揮監督する。

〔内閣の職務権限〕

第七十三条 内閣は、他の一般行政事務の外、左の事務を行ふ。

一 法律を誠実に執行し、国務を総理すること。

二 外交関係を処理すること。

三 条約を締結すること。但し、事前に、時宜によつては事後に、国会の承認を経ることを必要とする。

四 法律の定める基準に従ひ、官吏に関する事務を掌理すること。

五 予算を作成して国会に提出すること。

六 この憲法及び法律の規定を実施するために、政令を制定すること。但し、政令には、特にその法律の委任がある場合を除いては、罰則を設けることができない。

七 大赦、特赦、減刑、刑の執行の免除及び復権を決定すること。

〔法律及び政令への署名と連署〕

第七十四条 法律及び政令には、すべて主任の国務大臣が署名し、内閣総理大臣が連署することを必要とする。

〔国務大臣訴追の制約〕

第七十五条　国務大臣は、その在任中、内閣総理大臣の同意がなければ、訴追されない。但し、これがため、訴追の権利は、害されない。

第六章　司法

〔司法権の機関と裁判官の職務上の独立〕

第七十六条　すべて司法権は、最高裁判所及び法律の定めるところにより設置する下級裁判所に属する。

2　特別裁判所は、これを設置することができない。行政機関は、終審として裁判を行ふことができない。

3　すべて裁判官は、その良心に従ひ独立してその職権を行ひ、この憲法及び法律にのみ拘束される。

〔最高裁判所の規則制定権〕

第七十七条　最高裁判所は、訴訟に関する手続、弁護士、裁判所の内部規律及び司法事務処理に関する事項について、規則を定める権限を有する。

2　検察官は、最高裁判所の定める規則に従はなければならない。

3　最高裁判所は、下級裁判所に関する規則を定める権限を、下級裁判所に委任することができる。

〔裁判官の身分の保障〕

第七十八条　裁判官は、裁判により、心身の故障のために職務を執ることができないと決定された場合を除いては、公の弾劾によらなければ罷免されない。裁判官の懲戒処分は、行政機関がこれを行ふことはできない。

〔最高裁判所の構成及び裁判官任命の国民審査〕

第七十九条　最高裁判所は、その長たる裁判官及び法律の定める員数のその他の裁判官でこれを構成し、その長たる裁判官以外の裁判官は、内閣でこれを任命する。

2　最高裁判所の裁判官の任命は、その任命後初めて行はれる衆議院議員総選挙の際国民の審査に付し、その後十年を経過した後初めて行はれる衆議院議員総選挙の際更に審査に付し、その後も同様とする。

3　前項の場合において、投票者の多数が裁判官の罷免を可とするときは、その裁判官は、罷免される。

4　審査に関する事項は、法律でこれを定める。

5　最高裁判所の裁判官は、法律の定める年齢に達した時に退官する。

6　最高裁判所の裁判官は、すべて定期に相当額の報酬を受ける。この報酬は、在任中、これを減額することができない。

〔下級裁判所の裁判官〕

第八十条　下級裁判所の裁判官は、最高裁判所の指名した者の名簿によつて、内閣でこれを任命する。その裁判官は、任期を十年とし、再任されることができる。但し、法律の定める年齢に達した時には退官する。

2　下級裁判所の裁判官は、すべて定期に相当額の報酬を受ける。この報酬は、在任中、これを減額することができない。

〔最高裁判所の法令審査権〕

第八十一条　最高裁判所は、一切の法律、命令、規則又は処分が憲法に適合するかしないかを決定する権限を有する終審裁判所である。

〔対審及び判決の公開〕

第八十二条　裁判の対審及び判決は、公開法廷でこれを行ふ。

2　裁判所が、裁判官の全員一致で、公の秩序又は善良の風俗を害する虞があると決した場合には、対審は、公開しないでこれを行ふことができる。但し、政治犯罪、出版に関する犯罪又はこの憲法第三章で保障する国民の権利が問題となつてゐる事件の対審は、常にこれを公開しなければならない。

第七章　財政

〔財政処理の要件〕

第八十三条　国の財政を処理する権限は、国会の議決に基いて、これを行使しなければならない。

〔課税の要件〕

第八十四条　あらたに租税を課し、又は現行の租税を変更するには、法律又は法律の定める条件によることを必要とする。

〔国費支出及び債務負担の要件〕

第八十五条　国費を支出し、又は国が債務を負担するには、国会の議決に基くことを必要とする。

〔予算の作成〕

第八十六条　内閣は、毎会計年度の予算を作成し、国会に提出して、その審議を受け議決を経なければならない。

〔予備費〕

第八十七条　予見し難い予算の不足に充てるため、国会の議決に基いて予備費を設け、内閣の責任でこれを支出することができる。

2　すべて予備費の支出については、内閣は、事後に国会の承諾を得なければならない。

〔皇室財産及び皇室費用〕

第八十八条　すべて皇室財産は、国に属する。すべて皇室の費用は、予算に計上して国会の議決を経なければならない。

〔公の財産の用途制限〕

第八十九条　公金その他の公の財産は、宗教上の組織若しくは団体の使用、便益若しくは維持のため、又は公の支配に属しない慈善、教育若しくは博愛の事業に対し、これを支出し、又はその利用に供してはならない。

〔会計検査〕

第九十条　国の収入支出の決算は、すべて毎年会計検査院がこれを検査し、内閣は、次の年度に、その検査報告とともに、これを国会に提出しなければならない。

2　会計検査院の組織及び権限は、法律でこれを定める。

〔財政状況の報告〕

第九十一条　内閣は、国会及び国民に対し、定期に、少くとも毎年一回、国の財政状況について報告しなければならない。

第八章　地方自治

〔地方自治の本旨の確保〕

第九十二条　地方公共団体の組織及び運営に関する事項は、地方自治の本旨に基いて、法律でこれを定める。

〔地方公共団体の機関〕

第九十三条　地方公共団体には、法律の定めるところにより、その議事機関として議会を設置する。

2　地方公共団体の長、その議会の議員及び法律の定めるその他の吏員は、その地方公共団体の住民が、直接これを選挙する。

〔地方公共団体の権能〕

第九十四条　地方公共団体は、その財産を管理し、事務を処理し、及び行政を執行する権能を有し、法律の範囲内で条例を制定することができる。

〔一の地方公共団体のみに適用される特別法〕

第九十五条 一の地方公共団体のみに適用される特別法は、法律の定めるところにより、その地方公共団体の住民の投票においてその過半数の同意を得なければ、国会は、これを制定することができない。

第九章　改正

〔憲法改正の発議、国民投票及び公布〕

第九十六条 この憲法の改正は、各議院の総議員の三分の二以上の賛成で、国会が、これを発議し、国民に提案してその承認を経なければならない。この承認には、特別の国民投票又は国会の定める選挙の際行はれる投票において、その過半数の賛成を必要とする。

2 憲法改正について前項の承認を経たときは、天皇は、国民の名で、この憲法と一体を成すものとして、直ちにこれを公布する。

第十章　最高法規

〔基本的人権の由来特質〕

第九十七条 この憲法が日本国民に保障する基本的人権は、人類の多年にわたる自由獲得の努力の成果であつて、これらの権利は、過去幾多の試錬に堪へ、現在及び将来の国民に対し、侵すことのできない永久の権利として信託されたものである。

〔憲法の最高性と条約及び国際法規の遵守〕

第九十八条 この憲法は、国の最高法規であつて、その条規に反する法律、命令、詔勅及び国務に関するその他の行為の全部又は一部は、その効力を有しない。

2 日本国が締結した条約及び確立された国際法規は、これを誠実に遵守することを必要とする。

〔憲法尊重擁護の義務〕

第九十九条 天皇又は摂政及び国務大臣、国会議員、裁判官その他の公務員は、この憲法を尊重し擁護する義務を負ふ。

第十一章　補則

〔施行期日と施行前の準備行為〕

第百条　この憲法は、公布の日から起算して六箇月を経過した日から、これを施行する。

2　この憲法を施行するために必要な法律の制定、参議院議員の選挙及び国会召集の手続並びにこの憲法を施行するために必要な準備手続は、前項の期日よりも前に、これを行ふことができる。

〔参議院成立前の国会〕

第百一条　この憲法施行の際、参議院がまだ成立してゐないときは、その成立するまでの間、衆議院は、国会としての権限を行ふ。

〔参議院議員の任期の経過的特例〕

第百二条　この憲法による第一期の参議院議員のうち、その半数の者の任期は、これを三年とする。その議員は、法律の定めるところにより、これを定める。

〔公務員の地位に関する経過規定〕

第百三条　この憲法施行の際現に在職する国務大臣、衆議院議員及び裁判官並びにその他の公務員で、その地位に相応する地位がこの憲法で認められてゐる者は、法律で特別の定をした場合を除いては、この憲法施行のため、当然にはその地位を失ふことはない。但し、この憲法によつて、後任者が選挙又は任命されたときは、当然その地位を失ふ。

第1版おわりに

法を学ぶ者として、ときどき「人が悪くなったかな」と思うことがあります。大学で担当する法学や憲法の授業で「ボーっとしていると、みなさんにとって悪い事態が起こるかもしれませんよ」という趣旨の発言をするたびに、「どうして起こるかどうかもわからないことをあげつらって、世の中を悪い方悪い方に考えるのだ」という受講生の眼差しを感じる（面と向かって文句をいう度胸のある人は少ないので、思い過ごしかもしれませんが）ことがあるからです。確かに、世の中を悪いことだらけで捉えてしまうと、怖くて家から一歩も出られなくなりますので、「悪いこと」を考えるのも程度問題ではあります。しかし、「悪いことなど起こりっこない」という根拠のない自信もまた、問題でしょう。「良い社会であってほしい」と願うことは大事ですが、そうした希望が、いつの間にか「悪いことなど起きない社会なのだ」という思い込みにすり替わってしまう危険性に注意してほしいと思います。

社会の構成員がボーっとしていても良い社会が築かれるなら、それに越したことはないでしょう（楽でいいですから）。しかし、現実はそう都合よくできていません。仮に善人だらけの社会であったとしても、トラブルは発生します（悪気がなくても、問題は起こるのです）。まして、多種多様な人々で成り立つ社会をよくしていくためには、構成員一人ひとりの（何らかの）努力が必要です。

法は、より良い社会を作っていくために必要なツールですが、世の中の法すべてを理解することは至難の業です（私も無理です）。だからといって、法についてまったく無知・無関心であると、個々人の生活に支障を来すだけでなく、社会全体にも悪影響を及ぼします。なぜなら、法は、あればそれでよいというものではなく、そのあり様次第で、社会の方向性が大きく変わってしまうからです。とはいえ、法律の専門家でもない人間が、膨大な量の法の世界に「はじめの一歩」を踏み出すにはどうすればよいのでしょうか。

学問にとって大事なことは、「疑う」こと、そして「よく観る」ことだと思います。まずは、世の中で起きているさまざまなことに関心を持つことが出発点です。きっかけはなんでもよいのです。とにかく、自分（および、その近しい周辺）だけの狭い世界から、広い世界に眼を向け、それまでの「常識」を疑ってみてはどうでしょうか。そして、その「疑い」を思いつきのままに終わらせず、よーく観察・吟味することによって、自分なりの思考を深めてゆくことが重要です。

読者のみなさんは、本書をお読みになって（たまに「あとがき」から読み始める方もいらっしゃいますが）、社会で起きているさまざまな法的問題に触れられたことと思います。すでにご存知のこともあれば、知らなかったこともあるでしょう。また、事柄自体は知っていても、それがどのような視点で捉えられるのかについて、新たな知見を得ていただけたなら、執筆者として望外の喜びです。それができれば、つぎのステップは、みなさん自身の力で進めていけるに違いありません。

2020年2月19日

「地動説」を唱えたコペルニクス生誕の日に

松原幸恵

編者・執筆者プロフィール（五十音順）

＊印は編者

青野　篤（あおの・あつし）

大分大学経済学部教授。専門は、憲法・比較憲法（アメリカ）。著作は、「複数政党による同一候補者指名の禁止と小政党の結社の自由」大沢秀介=大林啓吾編『アメリカ憲法と民主政』（成文堂、2021年）、「刑事手続――保守的コート？」大林啓吾=溜箭将之編『ロバーツコートの立憲主義』（成文堂、2017年）、「平和主義」君塚正臣編『高校から大学への憲法〔第２版〕』（法律文化社、2016年）など。

飯島滋明（いいじま・しげあき）＊

名古屋学院大学教授。元名古屋市立病院臨床研究審査委員。専門は、憲法・平和学・医事法。著作は、前田哲男＝飯島滋明編『国会審議から防衛論を読み解く』（編著、三省堂、2003年）、前田哲男＝飯島滋明編『Ｑ＆Ａで読む日本軍事入門』（吉川弘文館、2014年）、憲法ネット103編『安倍改憲・壊憲総批判――憲法研究者は訴える』（八月書館、2019年）など。

榎澤幸広（えのさわ・ゆきひろ）＊

名古屋学院大学現代社会学部准教授。専門は、憲法学、マイノリティと法、島嶼と法。著作は、「記憶の記録化と人権」石埼学＝遠藤比呂通編『沈黙する人権』（法律文化社、2012年）、『離島と法』（法律文化社、2018年）、榎澤幸広＝清末愛砂など編『公文書は誰のものか？――公文書管理について考えるための入門書』（現代人文社、2019年）など。

奥田喜道（おくだ・よしみち）

奈良教育大学准教授、早稲田大学比較法研究所招聘研究員。専門は、憲法学、比較憲法（スイス憲法研究）。著作は、『憲法未来予想図』（共編著、現代人文社、2014年）、『ネット社会と忘れられる権利――個人データ削除の裁判例とその法理』（編著、現代人文社、2015年）、「スイスのカントン憲法の全面改正について」早稲田法学第94巻第４号（2019年）221-265頁、「二重比例代表制の憲法問題」愛敬浩二=藤井康博=高橋雅人編『水島朝穂先生古稀記念　自由と平和の構想力　憲法学からの直言』（日本評論社、2023年）469-485頁など。

河上暁弘（かわかみ・あきひろ）

広島市立大学広島平和研究所教授。専門は憲法学・平和学・人権論・地方自治論。著作は、『日本国憲法第９条成立の思想的淵源の研究――「戦争非合法化」論と日本国憲法の平和主義』（専修大学出版局、2006年）、『平和と市民自治の憲法理論』（敬文堂、2012年）、『戦後日本の平和・民主主義・自治の論点――小林直樹憲法学との「対話」に向けて』（敬文堂、2022年）など。

清末愛砂（きよすえ・あいさ）
室蘭工業大学大学院教授。専門は、憲法・家族法・ジェンダー法。著作は、中里見博＝能川元一＝打越さく良＝立石直子＝笹沼弘志＝清末愛砂『右派はなぜ家族に介入したがるのか――憲法24条と９条』（大月書店、2018年）、猫塚義夫＝清末愛砂『平和に生きる権利は国境を超える――パレスチナとアフガニスタンにかかわって』（あけび書房、2023年）など。

藤井正希（ふじい・まさき）
群馬大学准教授。専門は、憲法。著作は、『マスメディア規制の憲法理論――「市民のためのマスメディア」の実現』（敬文堂、2016年）、『憲法口話』（成文堂、2020年）、『現代憲法25講』（共著、成文堂、2020年）など。

松原幸恵（まつばら・ゆきえ）＊
山口大学教育学部教授。専門は、憲法・比較憲法（イギリス）。著作は、「イギリス憲法の『現代化』と『法の支配』論の現状――ビンガムの論説を手がかりに」倉持孝司＝松井幸夫＝元山健編著『憲法の「現代化」――ウェストミンスター型憲法の変動』（敬文堂、2016年）、「教師の教育権論」植野妙実子＝宮盛邦友編著『現代教育法』（日本評論社、2023年）など。

矢﨑暁子（やざき・あきこ）
弁護士。弁護士法人名古屋北法律事務所所属。ブラックバイト被害対策弁護団・愛知、原爆症認定訴訟、朝鮮高校生就学支援金不支給違憲国賠訴訟、GID法律上も父になりたい裁判、同性パートナー犯罪被害者等給付金訴訟、結婚の自由をすべての人に訴訟などの弁護団員。著作は、「秘密保護法との関係は？」戦争をさせない1000人委員会編『すぐにわかる　集団的自衛権ってなに？』（七つ森書館、2014年）。

はじめの一歩 法学・憲法〔第２版〕

2020 年 4 月 10 日　第 1 版第 1 刷発行
2024 年 4 月 5 日　第 2 版第 1 刷発行

編著者…………松原幸恵・飯島滋明・榎澤幸広
発行人…………成澤壽信
発行所…………株式会社現代人文社
〒160-0004　東京都新宿区四谷2-10八ッ橋ビル7階
振替　00130-3-52366
電話　03-5379-0307（代表）
FAX　03-5379-5388
E-Mail　henshu@genjin.jp（代表）／hanbai@genjin.jp（販売）
Web　http://www.genjin.jp
発売所…………株式会社大学図書
印刷所…………株式会社ミツワ
装　幀…………Malpu Design（佐野佳子）

検印省略　PRINTED IN JAPAN　ISBN978-4-87798-852-4　C1032